直心淨明

惟明法師開示語錄 4

禪宗篇

有因有緣集世間（集），有因有緣世間集（苦）；
有因有緣滅世間（道），有因有緣世間滅（滅）。
緣起之法，若佛出世，若不出世，法爾如是！
換言之，佛只能開導我們，而實踐必由自己。

惟明法師——著

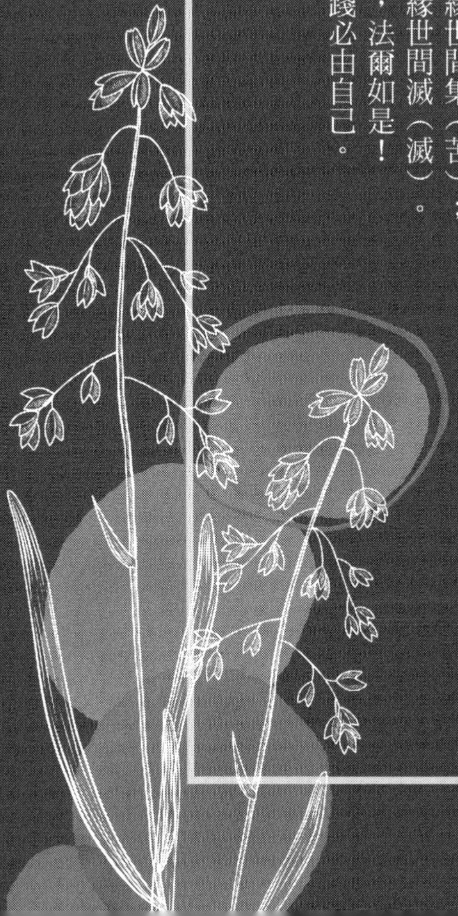

華夏出版公司本著「弘揚傳統文化，好書永世流傳」的理念，因舊版圖書年代久遠，囿於時空因素，在尚未能聯繫到原著作人並取得同意下，重新出版了這本著作，如有侵權，敬請著作權人或其親友和華夏出版公司聯繫，謝謝您。

目錄

自序一……釋惟明 13
自序二……釋惟明 17
〇一 初祖達磨大師碑銘……梁武帝 22
〇二 達磨五更轉……梁・菩提達磨 26
〇三 二祖惠可大師碑銘……唐・釋法琳 28
〇四 三祖僧璨大師塔銘……唐・房琯 31
〇五 南宗定邪正五更轉……唐・荷澤神會 35
〇六 懶瓚和尚歌……唐・南嶽明瓚 36
〇七 章敬柏巖禪師碑銘……唐・權德輿 39
〇八 龐居士語錄詩頌序……唐・無名子 42
〇九 八漸偈……唐・白居易 47
一〇 潙山靈祐禪師碑銘……唐・鄭愚 49

一一 靈光獨耀……出《聯燈會要》 54
一二 摩尼珠喻……唐・圭峯宗密 56
一三 趙州真際禪師行狀……五代・釋惠通 60
一四 御製天聖廣燈錄序……宋仁宗 67
一五 福州雪峯山故真覺大師語錄序……北宋・王隨 69
一六 法身歌……北宋・汾陽善昭 71
一七 禪本草（附〈炮炙論〉）……北宋・慧日文雅、湛堂文準 73
一八 草庵歌……北宋・光孝慧蘭 76
一九 一喝分五教……載《人天眼目》 78
二〇 印可狀……北宋・圜悟克勤 81
二一 重開宗門統要序……南宋・耿延禧 84
二二 五燈會元題詞……南宋・大川普濟 86
二三 圓覺經夾頌集解講義跋……南宋・癡絕道沖、無準師範、石溪心月、偃溪廣聞 87
二四 跋覺如居士手書心經……南宋・石溪心月 91

二五 跋梵書心經……南宋・虛堂智愚 92
二六 題傳燈三十五祖圖後……南宋・偃溪廣聞 93
二七 如來禪・祖師禪……南宋・兀菴普寧 94
二八 看話頭……南宋・陳貴謙 96
二九 金剛經集解序……南宋・楊圭 99
三〇 萬松老人評唱天童覺和尚頌古從容庵錄序……元・耶律楚材 104
三一 六祖大師法寶壇經序……元・古筠德異 107
三二 佛事……元・中峯明本 109
三三 臨濟正宗之碑……元・趙孟頫 110
三四 松雲文……元・千巖元長 114
三五 四牛圖……元・虎丘雪庭 116
三六 定應大師布袋和尚傳……元・無夢曇噩 119
三七 布袋和尚（傳）後序……明・釋廣如 124
三八 徑山和尚愚菴禪師四會語序……明・宋濂 134
三九 答淮康王書……明・鼎菴了峕 136

四〇 真心直說後跋……明・天界蒙堂 138
四一 爲四衆說戒……明・古庭善堅 140
四二 元高峯大師語錄序……明・雲棲袾宏 143
四三 牧牛圖頌（附三序）……普明禪師 145
四四 悟道歌……明・達觀真可 154
四五 石門文字禪序……明・達觀真可 157
四六 答鄭崑巖中丞……明・憨山德清 159
四七 六祖識智頌解……明・憨山德清 169
四八 示學人心病說……明・吹萬廣真 170
四九 五宗斷……明・鐵壁慧機 174
五〇 示臨終……清・攖寧智靜 175
五一 燮雲濟璣禪師語錄序……清・張有譽 176
五二 向上……清・三山燈來 179
五三 參禪要語……清・弘覺道忞 181
五四 普說……清・千山函可 183

五五 祖燈大統序……清・祁熊佳 190

五六 萬法歸心錄自敘……清・祖源超溟 193

五七 御製五燈全書序……清聖祖 195

五八 金剛經總論……清・石天基 197

五九 十二時歌……清・井覷道登 198

六〇 坐禪箴……日本・永平道元 200

六一 三根坐禪說……日本・瑩山紹瑾 201

六二 興禪護國論序……日本・明菴榮西 203

六三 六祖法寶壇經跋……高麗・普照知訥 205

六四 玄陵請心要……高麗・太古普愚 207

六五 禪家龜鑑……朝鮮・清虛休靜 210

附錄一 大慧、宏智禪風……出《禪林珠璣》 218

附錄二 靈龜?鈍鳥?……釋惟明 223

附錄三 真如慕喆禪師略傳……釋惟明 230

圖版……………………………………………………………………鍾周鵬居士輯錄

木刻羅漢像（唐）……………………………………………………………21
圜悟克勤印可狀手跡（西元一〇六三～一一三五年）……………………83
大川普濟偈頌手跡（西元一一七九～一二五三年）………………………86
布袋和尚圖（宋）…………………………………………………………237
王安石手書《楞嚴經》手跡（西元一〇二一～一〇八六年）…………238
黃庭堅手書寒山子詩手跡（西元一〇四五～一一〇五年）……………239
大慧宗杲尺牘手跡（西元一〇八九～一一六三年）………………………240
北磵居簡〈登承天萬佛閣偈〉手跡（西元一一六四～一二四六年）……241
天目文禮七言律詩手跡（西元一一六七～一二五〇年）…………………242
虛堂智愚法語手跡（西元一一八五～一二六九年）………………………243
石帆惟衍法語手跡（南宋）…………………………………………………244
橫川如珙偈頌手跡（西元一二二二～一二八九年）………………………245
清康熙帝手書秀峯寺碑（西元一七〇八年）………………………………246

圓明文集 自序㈠

佛教自東漢明帝永平十年傳入中國，在魏、晉、南北朝、隋、唐諸朝代，曾有過光輝燦爛的歷史，教義發達，高僧輩出，《高僧傳》一、二、三集，就僧侶高行者，分類爲：譯經、義解、習禪、明律、護法、感通、遺身、讀誦、興福、雜科聲德等十大科（三集大同小異）。在家居士，包括帝王、文人、各個階層，也有優良表現。教義傳揚方面，大小乘并行，各競光輝，大乘顯得宏闊勝大，小乘則樸實親切。隋朝費長房撰《歷代三寶紀》就其教義，加以介紹，大乘是：

「教而明佛，則成道已來，無量無邊阿僧祇劫，不生不滅，常住凝然，量等虛空，形同實際。

略而談法，則是方等十二部經，八萬四千微妙奧典，甚深祕密種種法門。

位而論人，則有十地及三十心（十住、十行、十迴向）。備歷四十（十地、三十心）、遍遊六道，猿、猴、鹿、馬、蠕動、蜎飛，無識不形，無趣不受。

煩惱則有五住地惑（三界分別見惑、欲界思惑、色界思惑、無色界思惑、根本無明惑），八萬四千諸塵勞門。所行則四攝、六度、三十七助菩提。萬德齊修、二諦（真、俗）並習，利他損己，無悔吝心。所受則三歸、十善、八萬律儀，悉皆奉持，乃至成佛。濟流、如象渡水；遊衢、車駕大牛；洽潤、譬若大根；承露、猶如大葉；憩息、則止大涅槃城。諸如此文，皆大乘也。」

小乘教義則爲：

「教而辯佛，則王宮誕生，襁褓扶持，乳哺鞠養，乘羊車而詣學，試伎術而成婚，十九出家，三十成道（通作二十九出家、三十五成道）、四十九年處世說法，年七十九，於雙樹間右脅而臥入般涅槃。的而論法，則是契經：或止九部，或十一部，四含、雜藏，及以毗曇（亦譯阿毗達磨，華言無比法，即論也）。談人，則名聲聞、緣覺、四果、四向、五方、七便（五停心、別相念、總相念、煖、頂、忍、世第一）。剃除鬚髮，捨俗出家。局在天、人，弗該餘趣。煩惱則五蓋（貪欲、瞋恚、睡眠、掉悔、疑）、十纏（無慚、無愧、嫉、慳、悔、睡眠、掉舉、昏沈、瞋忿、覆）、九十八使（三界思惑共十使併前見惑八十八使）。所行則四聖諦、十二因緣、檢攝七支（身三、口四）、防守三業（身、口、意）。所受禁制，則三歸、十戒、二百五十，及五百戒（三百四十八戒）。唯盡一形，弗通後世。自調身口，匪涉利他。

入理水之淺深，譬兔、馬之浮渡；出街衢之遊戲，駕羊、鹿之卑車；洽露潤之少多，若中小之根葉；休疲怠之穌息，憩非真之化城。

諸如此文，皆小乘也。」

然盛衰相替，佛法在中土播揚，大放光芒之後，外遭三武一宗等的摧殘，內部本身逐漸脫離正軌，爲繁瑣、他力、神祕、空疏等所困蔽——習教者苦於名相繁多，疏、鈔、注動輒數十百卷（皓首窮經）；禪宗相反，不立文字，只主張參一個話頭（被機不廣）；淨土宗則認爲末法唯念佛法門契合衆生根機，推出「禪淨四料簡」等，對其他法門都不認定（謗他成過失）。其他，附佛外道的攀附，一些佛教徒崇尚神異、拔薦，使佛法抹上一片迷信色彩（神、佛不分）。種種原因，造成佛法的衰退，偈促一隅。

所幸現在有識之士，逐漸在調整，不讓其偏頗發展。頗做了些考證、過濾、濃縮工作，佛教的輪廓，逐漸顯現，正信、迷信，有了分野！正信佛教徒也能開闊眼光，不再囿於門戶之見，互相尊重，瞭解各宗派間彼此取長補短的重要。至，自信心的建立，觀諸年輕一輩對原始經典——《四阿含》的普遍愛好，在其中當會得到一些啟示，前途會較樂觀的。

佛教的興衰，四衆弟子都有責任！由於國人的習性好略，而《大藏經》卷帙衆多，雖說是無盡寶藏，卻給人無從下手的感覺！因覺有需要做些橋樑工作。筆者讀書不求甚解，只觀其大意，因此對於經書、語錄精簡部份——序、跋、碑、記、論、述、偈、章等，較為留意。透過這些，可以欣賞作者的精心傑作，及以此為橋樑，瞭解經文大意、思想重點。實能收到事半功倍的效果！基於方便初機者，不計譾陋，輯出若干篇（三輯：闡教篇、禪宗篇、集錦篇），算是野人獻曝！佛教之興，須靠羣策羣力，積少成多，蔚成壯觀！語云：「泰山不讓土壤，故能成其大；河海不擇細流，故能就其深。」《圓明文集》的刊行，應作如是觀。

佛曆二五三五年（一九九一）九月三日　釋惟明于圓明靜室

圓明文集 自序㈡

昔達磨將欲還天竺，傳衣、法二祖慧可，並付《楞伽經》四卷，曰：「我觀漢地，惟有此經，仁者依行，自得度世。」（《高僧傳》）《楞伽經》包括了禪、教要義，及頓、漸修行法門。

《楞伽經》說五法：相、名（或作名、相）、分別、真智、如如。相、名（依他起性，即因緣生法，包括眼見、耳聞等世間萬事萬物——業力顯現）、分別（遍計所執性、意識分別）屬世間法；即衆生不達實際，六根馳逐六塵——在依他起性上，起遍計所執，迷惑、造業、感果——遂淪于生死，輪轉不息。佛教根本教義：四聖諦的苦、集二諦；以及十二因緣：無明緣行、行緣識……大體在闡述這些道理。

真智、如如，屬出世間法。即通常所說的轉識成智。行者了達世間（相、名、分別）不真實性，依文字般若、觀照般若，離虛妄分別，證入實相般若（圓成實性）。四聖諦中的滅、道二諦，以及逆觀十二因緣：無明滅則行滅、行滅則識滅……無非指導我們如何體證清淨本性。

由世間臻于出世間，修行方法很多，「最上根器，悟密旨於鋒芒未兆之前，中下品流，省玄樞於機句已施之後」，故有如來禪、祖師禪施設！如來禪有階次可循；祖師禪唯頓無漸——觀現前一念恆自清淨！舉二則以明：

平江府紹隆禪師：僧問：「如何是佛法的的大意？」師曰：「蛇頭生角！」

池州靈鷲閑禪師：上堂：「是汝諸人本分事！若教老僧道，即是與蛇畫足。」時有僧問：「與蛇畫足即不問；如何是本分事？」師曰：「闍黎試道看？」僧擬再問，師曰：「畫足作麼？」

然此頓教法門，猶如一人與萬人戰，一般人往往會會錯意——認識神爲真心，或落入口頭禪、無事甲中！故如來大開教網，撈漉各類根機——由外，層層剝落，最爲穩當！先說施、戒、升天之法，令保住寶貴人身。

如果具出世善根，爲說出離之道：知苦、斷集、慕滅、修道（十二因緣從愛、取支下手，逐漸削弱）。從束縛到解脫：經歷五停心觀（多貪眾生不淨觀、多瞋眾生慈悲觀、多散眾生數息觀、愚癡眾生因緣觀、多障眾生念佛觀）、四念處（觀身不淨、觀受是苦、觀心無常、觀法無我）、四加行（煖、頂、忍、世第一），然後初向、初果（斷見惑：見道），二向、二果、三向、三果、四向（以上修道）、四果（斷盡思惑，獲證無生）。

古德又有歸攝之法：「若五識不取塵，即無六識；六識無故，七識不生；七識不生故，則無善惡業；無善惡業故，即無生死；無生死故，如來藏心湛然常住。即是六、七識滅，建立八識。」以上佛教背塵合覺、歇即菩提道理，甚明。

佛法難值，《法華經》云：「如優曇鉢華時一現耳！」宜加保握。正信佛教徒以正見（開發般若）爲首，以正精進（頓、漸法門）鞭策，努力不懈，終有出脫之日。佛教是着重自力的宗教，自己需向自己負責。《雜阿含經》云：

「有因有緣集世間（集），有因有緣世間集（苦）；

有因有緣滅世間（道），有因有緣世間滅（滅）。」

緣起之法，若佛出世，若不出世，法爾如是！換言之，佛只能開導我們，而實踐必由自己。觀佛臨入涅槃，誡勉弟子：「當自皈依，皈依於法，勿他皈依。」（《長阿含經》）又如阿難，爲佛堂弟，又是侍者，終佛之世，只證須陀洹果，必待辛勤修行，才獲得阿羅漢果。這些都是我們佛弟子所宜警醒的！

《圓明文集》將印行，前篇「序言」曾就大小乘差異、佛法盛衰，約略引述；茲篇復就流轉、還滅，以及頓、漸法門做個分類。俾初機者更易於揀擇、識別。

末誌宋「普潤大師法雲」法語，與讀者共勉：

「雪山大士，求半偈而施身；法愛梵志，敬四句而析骨。久沈苦海，今遇慈舟；秉志竭誠，采經集論。宜安像前，燒香禮拜；息塵勞之雜念，遊般若之法林。終卷掩帙，攝心靜坐；照元明之本體，復常寂之性源。雖萬有以施爲，然一無而亦絕。」

佛曆二五三五年（一九九一）九月二十三日　釋惟明于圓明靜室

木刻羅漢像（唐）

一 初祖達磨大師碑銘

梁武帝

我聞滄海之內有驪龍珠，白毫色中現楞伽月——唯我大師得之矣！

大師諱達磨，云天竺人也，莫知其所居，未詳其姓氏。以精靈爲骨，陰陽爲氣，性則天假，智乃神與，含海嶽之秀，抱陵雲之氣。類鄔陀、身子之聰辯，若曇摩、弗利之博聞，總三藏於心河，蘊五乘於口海。爲玉毡久灰，金言未剖，誓傳法化天竺，東來杖錫於秦。說無說法，如暗室之揚炬，若朗月之開雲。聲震華夏，道邁今古，帝后聞名，欽若昊天。

於是，躍鱗慧海，振羽禪河，法梁横天，佛日高照。是其育物也，霔無霔之法雨，灑潤心田；說無說之心燈，證開明理。指一言以直說，即心是佛；絕萬緣以泯相，即身離衆生。實哉、空哉、凡哉、聖哉！心無也，剎那而登妙覺；心有也，曠劫而滯凡夫。有而不有，無而不無，智通無礙，神行莫測。大之則無外，小之則無內，積之於無，成之於有——其教示乎！

于時，奔如雲，學如雨！花而多，果而少——其得意者，唯可禪師矣！大師乃舒容而歎曰：「我心將畢，大教已行，一真之法，盡可有矣。」命之以執手，付之以傳燈；事行物外，理在斯矣。意之來也，身之住乎；意之行也，身之去乎？嗚呼！大師可謂壽逾天地，化齊日月，使長流法水，洗幽冥而不竭；永注禪河，滌煩籠而無盡。

豈期：積善不祐，皇天何辜，月闇禪庭，風迷覺路。法梁摧折，慧水潛流，夜壑藏舟，潮波汩起。何圖不祐，俄然往矣，神色無異，顏貌如常。其時也，地物變白，天色蒼茫，野獸鳴庭，甘泉頓竭。嗚呼！無爲將來，有爲將去，道寄茲行，示現生滅。以梁大同二年歲在丙辰，十二月辛丑五日丁未，終于洛州禹門。未測其報齡也！葬于熊耳山吳坂。於是門人悲感，號動天地，泣流遍體，傷割五情。如喪考焉，如喪妣焉，生途眼閉，傷如之何！

嗟呼！法身示現無方，骸葬茲墳，形遊西域，亦爲來而不來，去而不去，非聖智者，焉得而知之乎！朕以不德，忝統大業，上虧陰陽之化，下闕黎庶之歡，夕惕朝勤旰不暇食。萬機之內，留心釋門，雖無九年之儲，以積羣生之福，緬尋法意，恒寄茲門。安而作之，精矣妙矣，傳之耳目，乃大師之苗裔也。嗟呼！見之不見，逢之不逢，今之古之，悔之恨之。朕雖一介凡夫，敢以師之；於後未獲現生之福，亦冀當來之因。若不刻石銘心，何表法之有也！亦恐天變地化，將大教而不行，或建鴻碑，以示來見。乃爲頌曰：

楞伽山頂生寶月，中有金人披縷褐，
形同大地體如空，心若琉璃色如雪，
匪磨匪瑩恆淨明，披雲卷霧心且徹。
芬陀利花用嚴身，隨緣觸物常歡悅，
不有不無非去來，多聞辯才無法說。
實哉空哉離生有，大之小之眾緣絕，
剎那而登妙覺心，躍鱗慧海超先哲。
理應法水永長流，何期暫涌還復竭，
驪龍珠內落心燈，白毫慧刃當鋒缺。
生途忽焉慧眼閉，禪河駐流法梁折，
無去無來無是非，彼此形骸心碎裂。

住焉去焉皆歸寂，寂內何曾有哽咽，
命之執手以傳燈，生死去來如電掣。
若能至誠心不退，劫火焚然斯不滅，
一真之法盡可有，未寤迷徒茲是謁。

二 達磨五更轉

梁・菩提達磨

一更端坐結跏趺，怡神寂照泯同虛，
曠劫由來不生滅，何須生滅滅無餘。
一切諸法皆如幻，本性自空那用除，
若識心性非形像，湛然不動自真如。

二更凝神轉明淨，不起憶想同真性，
森羅萬像併歸空，更執有空還是病。
諸法本自非空有，凡夫妄想論邪正，
若能不二其居懷，誰道即凡非是聖。

三更心淨等虛空，遍滿十方無不通，

山河石壁無能障，恆沙世界在其中。
世界本性真如性，亦無無性即含融，
非但諸佛能如此，有情之類並皆同。

四更無滅亦無生，量與虛空法界平，
無來無去無起滅，非有非無非暗明。
不起諸見如來見，無名可名真佛名，
唯有悟者應能識，未會眾生由若盲。

五更般若照無邊，不起一念歷三千，
欲見真如平等性，慎勿生心即目前。
妙理玄奧非心測，不用尋逐令疲極，
若能無念即真求，更若有求還不識。

三　二祖惠可大師碑銘

唐・釋法琳

夫、思不可得，測不可知，惟禪門之法乎！故無形無相，潛流沙界，使有情者歸於妙覺，味道者普會於真如。或開小也言說，或談大也不二，無心即心，即色非色。至如乘幽入微，處默顯寂，臥佛性海，登涅槃山，闇而惟明，凡而大聖，其誰能之——可禪師矣！

禪師諱惠可，武牢人也，俗姓姬氏。禪師抱氣非凡，禀天靈骨，頭如五岳，掌若開蓮。少爲儒生，博聞世典，莊、易大義，無不精研。每聞老聃談天竺我師、夫子說西方之聖，未曾不引領西望，冀聞甚深之法乎！三十年間，寤寐慨歎。

時有，西國達摩大師，乃總持之林苑，不二之川澤也。爲金棺久寂，微言且絕，大教斯隱，其誰遵之？於是發悲愍心，傳風東夏！策杖請益，蹴踏禪門，如滿月之顯高山，若渤澥之吞巨海。禪師年逾四十，方始遇也，不捨晝夜，精勤九年。大師曰：「夫求法者，不以身爲身，不以命爲命，方可得也。」禪師乃雪立數宵，斷臂而無顧，投地碎身，營求開示。大師乃喜曰：「我心將畢，大教已行，一真之法，盡可有矣。」命之已執手，默付以心燈，特奉《楞伽》，將爲決妙。

爾乃啓慈顏、授真教，開寶鏡、照心河，如天牧雲，風卷塵霧，德鉼育水，置異器中。其時則淨五眼、朗三明、會一乘、圓萬德。乃法山峨峨，禪河汩汩，東山之法，於是流焉。即非久植宿因，其孰能至於此也。

然門人滋廣，開寤者甚多，散滿諸山，落落星布。隨方利物，波湧雲華，或居巖而棲心，或道世而怡德。其衆學徒請益，往來如市，稻、麻、竹、葦，未足爲多。至如聽鑒精微，明鏡照隱，決禪河於口海，朗慧日於心端，大師印之，唯可禪師矣。繼明踵迹，則僧璨得之，相承寶光，明明大照，導蒼生而無盡，將萬劫而無墜也。

嗟呼！達摩大師乃觀音聖人也，現多身於像運，霔甘露於沙界。一沐法雨，羣動洗心，長開道光，寂寂恆照。大師思寶珠已明，智燈將曜，法化有人，西歸示滅。但法琳生居像末，長遇明時，天澤普流，預蒙出俗。雖形如草芥，學劣鏤冰，心不證於正真，敢見聞於法將。復備綜玄教，歷踐多門，超聖剎那，滯凡累劫，究妙覺於情界，得真如於俗品者，未若斯法門也。

吁嗟！彼禪師不知其所之，唯法斯在，不以書記，焉知法之尊？或恐蒼山變谷，渤澥成田，萬古摧殘，高風見隱。乃爲讚曰：

善哉大士，應物為器，
秉心唯德，釋門宗志。
因達而通，為法指臂，
一受不退，位登聖地。
心唯佛心，事唯佛事，
累世重光，易劫之美。

四　三祖僧璨大師塔銘

唐・房琯

四維上下虛空不可思量，而佛性如之；萬物變化陰陽不可思量，而佛法如之。如來以諸法囑羣龍，以一性付迦葉，付阿難；至菩提達摩東來付可，可付大師。傳印繼明，累聖一體。自迦葉至大師，西國有七，中土三矣。至今號爲三祖焉。

大師以没生猶幻，何有於家？變滅如雲，其誰之子？故蒙厥宅里，黜其姓氏，代莫得而聞焉。又以諸行生滅，是相虛妄，故隨無朕，諸心無所。或持衡屠門，或操量酒肆，不及其味，不言所利，聲塲淫室不累其志，髣髴乎維摩之嬉歟！此蓋大師天受之奇也。

後見先師可公，請爲懺悔，可公曰：「將汝罪來，與汝懺悔。」大師曰：「覓罪不得。」可公曰：「與汝懺悔矣。」大師白先師曰：「今日乃知，罪性不在內、不在外、不在中間。如其心然，罪垢亦然。」先師曰：「如是。」一言已發，廓然昭爽！大師含道而生，抱理而息，廣量大度，遺相性情。先師察其熟根，爲之寶器，認之般若，證之彼岸。祖師所付，一以與之。譬如東方明矣，而又登之以天光，於是羣迷利見，蠢動皆睹矣。大師未得無求，得之不有；同夫太陽與萬物齊運，後何心於暉燭耶！此又大師授之奇也。

當周武滅佛法，可公將大師隱於舒州峴公山。峴山之陽，有山谷寺，超雲越靄，迥出人寰。寺後有絕巘，登溪更為靈境。二公即其遯焉。居五年，風疾都差，時人號為赤頭璨。可公將還鄴，謂大師曰：「吾師有袈裟一領，隨法傳予；法在汝躬，今將付汝。」山谷寺數有神光甘露之瑞，人憂而問焉，大師曰：「此是佛法將興，舍利欲至耳。」後京城大獲舍利，分布天下，山谷寺果置塔。此又大師玄覽之奇也。

先是此山多猛獸、毒蟲，大師至此，遂絕其患。門人有道信者，大師異其神意，傳付之道；如可公之於大師焉！告之曰：「有人借問，勿道於我處得法。」從此便託疾山阿，向晦宴息。忽大呼城市曰：「我於峴山設齋，汝等當施我齋食。」於是邑咸集。乃於齋場樹下，立而終焉。異香滿空，七日不散。道信奔自雙峯，領徒數百，葬大師於所居之處。時人始知道信得法於大師。

爾時隋末崩離，不遑起塔。洎皇唐天寶五載，有趙郡李常土，林精爽、朝爽、朝端、問望，自河南少尹，左遷同安郡別駕。愴經行之丘墟，慨瑩壠之蕪沒，興言改舉，遐邇一辭。於是啓墳開棺，積薪發火，灰燼之內，其光耿然，脛骨、牙齒全爲舍利；堅潤玉色，鏗鏘金振，細圓成珠，五彩相射者，不可勝數。四衆爭趨，歎未曾有。遠方後至，痛無所獲；或取親身一片之櫬，周棺一撮之土，頂戴虔誠，歸至郡縣，振木撥土，舍利復生焉。自發舊封，逮乎新定，祥光瑞氣，覆冒其山。此又大師通感之奇也。

寶塔肇興，莊嚴云備！古木新拱，丹翠相發，松梢林於月桂，輪捉足其辰極。迴廊共崇崗複抱，長鍾與嵌嚴疊韻。兩方登降，雙刹俯仰，煥彼幽谷，燭乎長川。嘻！大師之法，傳乎無窮；大師之儀，翳彼荒楚。豈其道、而尊重其師歟——非別駕李公，孰能權輿建立、光若此者乎！上座惠欽、寺主崇英、都維那湛然、禪師道幽：孰能保護、營衞，自初有終！羣財衆心，願力斯畢，一佛出世，再現此邦。彼舒之人，良緣何其，言鏤金石，垂之不朽。有處士樊定超，不遠千里，來訪三居。乃梗概其晦明，存時之奇，死生自在之異——豈伊言字能語至極。

辭曰：

聖人何思兮其心本如，如生萬法兮如等太虛。

如等太虛兮法則可說，以心證心兮千載不絕。
迦葉至我兮聖者十人，貌殊心一兮相續一身。
與佛在日兮法無有異，八萬四千兮斯為不二。
大師於我兮如彼浮雲，惟桑與族兮口未嘗分。
大師於物兮幻彼邪正，不垢不淨兮一其凡聖。
以蒙養正兮人謂之狂，慧炬一發兮光照十方。
光然後人兮示沒於代，遭亂遂翳兮僅二百載。
明時勝因兮啟封以火，盡成舍利兮證知佛果。
如彼前佛兮寶塔巍巍，與法俱崇兮永世歸依。

五　南宗定邪正五更轉

唐・荷澤神會

一更初。妄想真如不異居。迷則真如是妄想，悟則妄想是真如。念不起，更無餘。見本性，等空虛。有作有求非解脫，無作無求是功夫。

二更催。大圓寶鏡鎮安臺。衆生不了攀緣病，由斯障閉不心開。本自淨，沒塵埃。無染著，絕輪迴。諸行無常是生滅，但觀實相見如來。

三更侵。如來智慧本幽深。唯佛與佛乃能見，聲聞緣覺不知音。處山谷，住禪林。入空定，便凝心。一坐還同八萬劫，只爲擔麻不重金。

四更蘭。法身體性不勞看。看則住心便作意，作意還同妄想因。放四體，莫攢抏（抏音玩，消耗也）。任本性，自觀看。善惡不思即無念。無念無思是涅槃。

五更分。菩提無住復無根。過去捨身求不得，吾師普示不忘恩。施法藥，大張門。去障膜，豁浮雲。頓與衆生開佛眼，皆令見性免沈淪。

六　懶瓚和尚歌

唐・南嶽明瓚（懶殘）

兀然無事無改換，無事何須論一段，
直心無散亂，他事不須斷！
過去已過去，未來猶莫算，
兀然無事坐，何曾有人喚！
向外覓功夫，總是癡頑漢，
糧不畜一粒，逢飯但知嗎（喫）！
世間多事人，相趁渾不及，
我不樂生天，亦不愛福田！
飢來喫飯，困來即眠，
愚人笑我，智乃知焉！
不是癡鈍，本體如然，

要去即去，要住即住，
身披一破衲，脚著娘生袴。
多言復多語，由來反相誤，
若欲度眾生，無過且自度！
莫謾求真佛，真佛不可見，
妙性及靈台，何須受熏鍊！
心是無事心，面是娘生面，
劫石可移動，箇中無改變！
無事本無事，何須讀文字，
削除人我本，冥合箇中意！
種種勞筋骨，不如林下睡兀兀，
舉頭見日高，乞飯從頭摴！
將功用功，展轉冥蒙，
取即不得，不取自通！
吾有一言，絕慮忘緣，

巧說不得，只用心傳！
更有一語，無過直與！
細如毫末，大無方所，
本自圓成，不勞機杼！
世事悠悠，不如山丘，
青松蔽日，碧澗長流！
山雲當幕，夜月為鈎，
臥藤蘿下，塊石枕頭！
不朝天子，豈羨王侯，
生死無慮，更復何憂！
水月無形，我常只寧，
萬法皆爾，本自無生！
兀然無事坐，春來草自青！

七　章敬柏巖禪師碑銘 并序

唐・權德輿

禪宗長老柏巖大師之師曰大寂禪師（即馬祖）——傳佛語心，始自達磨，至於慧能，能化行於南服，流於天下。大抵以五蘊、九識、十八界皆空！猶鏡之明也，雖萬象畢呈，而光性無累；心之虛也，雖三際不住，而覺觀湛然。得於此者，即凡成聖；不然，則一塵瞥起，六入膠固，循環回復於生死之中，風濤火輪，迷妄不息。——授受胳合，大師得之，一言宗通，深入無礙。

師諱懷惲，姓謝氏，東晉流亂；慨然曰：「我之祖先，今安在哉？四肢百骸，視聽動使，孰使之然耶？」漼然雨泣，誓服緇褐。志在楞伽，行在曹溪；得圓明清淨之本，去妄想攀緣之習。百八句義，照其身心；心離文字，化無方所；於是抵清涼，下幽都，登徂徠，入太行。所至之郡，蒙被法味。止於太行柏巖寺；門人因以柏巖號焉。

元和三年，有詔徵至京師，宴坐于章敬寺。每歲詔入麟德殿講論。後以疾固辭。十年十二月怡然示寂。其年六十，其夏三十五。弟子智朗、智操，以明年正月起塔于灞陵原。凡一燈所傳，一雨所潤，入法界者，不可勝書。著《師資傳》一編，自雞足山大迦葉，而下至于能、秀，論次詳實。

或問心要者？答曰：心本清淨而無境者也！非遣境以會心，非去垢以取淨；神妙獨立，不與物俱！能悟斯者，不爲習氣生死幻蘊之所累也。故薦紳先生知道入理者多游焉。……

德輿三十年前，嘗問道于大寂；聿來京下，時款師言。頃因哀傷，以獲悟入；則知煩惱不違菩提，雖聚散生死無期，會歸於菩提彼岸。銘曰：

西方之教，南宗之妙，與日並照。
柏巖得之，為大導師，穎若琉璃。
結火燔性，愛流溺正，痴冥奔命。
即心是佛，即色是空，師之通兮。
無去無來，無縛無解，師之化兮。
揭茲靈塔，丹素周匝，示塵劫兮。

〔註〕

柏巖禪師有上堂法語，可窺宗風一二：「至理忘言，時人不悉，強習他事，以為功能。不知自性，元非塵境，是個微妙大解脫門。所有覽覺，不染不礙，如是光明，未曾休廢。曩劫至今，固無變易，猶如日輪，遠近斯照。雖及眾色，不與一切和合，靈燭妙明，非假鍛鍊。為不了故，取於物象，但如捏目，妄起空華，徒自疲勞，枉經劫數。若能返照，無第二人，舉措施為，不虧實相。」

八　龐居士語錄詩頌序

唐・無名子

居士名蘊，字道玄，襄陽人也。父任衡陽太守。寓居城南，建菴修行於宅西，數年全家得道；今悟空菴是也。後捨菴下舊宅爲寺，今能仁是也。唐貞元間，用船載家珍數萬，縻（音米，繫也）於洞庭湘右，豁溺中流。自是生涯惟一葉耳。居士有妻，及一男一女，市鬻竹器，以度朝晡。

唐貞元中，禪律大行，祖教相盛，分輝引蔓，觸所皆入。居士乃先參石頭，頓融前境；後見馬祖，復印本心。舉事通玄，無非合道，有妙德（文殊也）之洪辯，合滿字（教有半、滿）之真詮。其後遍歷諸方，較量至理。元和初，方寓襄陽，棲止巖竇（今鹿門南二十里有居士巖）。時太守于公頔，擁旗廉問，采謠民間，得居士篇，尤加慕異。迺伺良便，躬就謁之，一面周旋，如宿善友。既深契於情分，亦無間於往來。

居士將入滅，謂女靈照曰：「幻化無實，隨汝所緣。可出視日早晚，及午以報。」靈照出戶，遽報曰：「日已中矣，而有蝕焉，可試暫觀。」居士曰：「有之乎？」曰：「有之。」居士避席臨窗，靈照洒據榻趺坐，奄然而逝。居士回見，笑曰：「吾女鋒捷矣。」乃拾薪營後事。

經七日，于公往問安。居士以手藉公之膝，流盼良久，曰：「但願空諸所有，慎勿實諸所無。好住，世間皆如影響。」言訖，異香滿室，端躬若思。公亟追呼，已長往矣！風狂大澤，靜移天籟之音；月過迷盧（蘇米盧；須彌山），不改金波之色。遺命焚棄江湖。迺備陳儀事，如法荼毗。

旋遣使人，報諸妻子。妻子聞之曰：「這癡愚女，與無知老漢，不報而去，是可忍也。」因往告子，見劚（音主，鋤也）畬，曰：「龐公與靈照去也！」子釋鋤應之曰：「嗄。」良久，亦立而亡去。母曰：「愚子，癡一何甚也！」亦以焚化。眾皆奇之。

未幾，其妻乃遍詣鄉閭，告別歸隱。自後況迹夐然，莫有知其所歸者。

居士尋常曰：「有男不婚，有女不嫁，大家團圞（欒）頭，共說無生話。」其餘玄談道頌，流傳人間，頗多散軼。今姑以所聞成編，釐爲二卷！永示將來，庶警後學。世謂居士即毗耶淨名，殆其然乎！

無名子序

附　龐居士時、日、宿、年詩

一時復一時，步步向前移。
無常有限分，早晚即不知。
古人一交語，預辦沒貧兒。
聞少須辦道，莫待衰老時。
邂逅符到來，賺你更無疑。
勸君不肯聽，三塗真可悲。

一日復一日，百年漸漸畢。
急急除妄想，無念成真佛。
更莫苦攀緣，窺他世上物。
忽然無常至，累劫出不得。

一宿復一宿，光陰漸漸促。
報你心王道，依智莫依識。
依智見真佛，依識入地獄。
若淪六趣中，受苦無時足。

一年復一年，務在且遷延。
皮皺緣肉減，髮白髓枯乾。
毛孔通風過，骨消椽梠寬。
水微不耐熱，火少不耐寒。
幻身如聚沫，四大亦非堅。
更被癡狼使，無明曉夜煎。
惟知念水草，心神被物纏。
云何不懺悔，便道捨財錢。
外頭遮曲語，望得免前愆。
地獄應無事，準擬得生天。

世間有這屬，冥道不如然。
除非不作業，當拔罪根源。
根空塵不實，內外絕因緣。
積罪如山岳，慧火一時然。
須臾變灰燼，永劫更無煙。

九 八漸偈 并序

唐・白居易

唐貞元十九年秋八月，有大師曰凝公，遷化於東都聖善寺鉢塔院。越明年春二月，有東來客白居易作八漸偈，偈六句，句四言，贊之。

初，居易嘗求心要於師。師賜我言焉：曰觀、曰覺、曰定、曰慧、曰明、曰通、曰濟、曰捨。繇是入於耳，貫於心。嗚乎！今師之報身則化，師之八言不化。至哉八言，實無生忍觀之漸門也！故自觀至捨，次而贊之。廣一言爲一偈，謂之八漸偈。蓋欲發揮師之心教，且明居易不敢失墜也。

既而，升於堂，禮於床，跪而唱，泣而去。偈曰：

觀　以心中眼，觀心外相。從何而有，從何而喪。觀之又觀，則辨真妄。

覺　惟真常在，為妄所蒙。真妄苟辨，覺生其中。不離妄有，而得真空。

定　真若不滅，妄即不起。六根之源，湛如止水。是為禪定，乃脫生死。

慧　專之以定，定猶有繫。濟之以慧，慧則無滯。如珠在盤，盤定珠慧。

明 通 濟 捨

定慧相合，合而後明。照彼萬物，物無遁形。如大圓鏡，有應無情。
慧至乃明，明則不昧。明至乃通，通則無礙。無礙者何，變化自在。
通力不常，應念而變。變相非有，隨求而見。是大慈悲，以一濟萬。
眾苦既濟，大悲亦捨。苦既非真，悲亦是假。是故眾生，實無度者。

一〇　潙山靈祐禪師碑銘 并序

唐・鄭愚

天下之言道術者多矣，各用所宗爲是！而五常教化人事之外，於性命精神之際，史氏以爲道家之言，故老莊之類是也，其書具存。然，至於盪情累、外生死，出於有無之間，超然獨得，言象不可以擬議，勝妙不可以意況，則浮屠氏之言禪者，庶幾乎盡也！有口無所用其辯，巧曆無所用其數，愈得者愈失，愈是者愈非。我則我矣，不知我者誰氏？知則知矣，不知知者何以？無其無不能盡，空其空不能了，是者無所不是，得者無所不得；山林不必寂，城市不必喧；無春夏秋冬四時之行，無得失是非去來之迹。非盡無也，冥於順也！遇所即而安，故不介於時；當其處無必，故不局於物——其大旨如此。其徒雖千百，得者無一二。近代言之者必有宗，宗必有師，師必有傳；然非聰明瑰宏傑達之器，不能得其傳；當其傳者，皆是時之鴻龐偉絕之度也！

今長沙郡西北，有山名大潙。蟠林窮谷，不知其遍幾千百重，爲熊、豹、虎、兕之封，虺、蜮、蚺、蟒之宅。雖夷人射獵，虞跡樵甿，不敢田從也！師、始僧號靈祐，福州人，笠首屩足，背閩來游，菴於翳薈。非食時不出，淒淒風雨，默坐而已。恬然晝夕，物不能害。非夫外生死，忘憂患，冥順天和者，孰能於是哉！……師既以茲爲是，其徒稍稍從之，則與之結構廬室，與之伐去陰黑，以至於千有餘人，自爲飲食、紀綱。而於師言無所是非，其有問者，隨語而答，不强所不能也。數十年，言佛者，天下以爲稱首！武宗毀寺、逐僧，遂空其所，師遽裹首爲民，惟恐出蚩蚩之輩！有識者益貴重之矣。後，湖南觀察使故相國裴公休，酷好佛事，值宣宗釋武宗之禁，固請迎而出之，乘之以己輿，親爲其徒列。又議重削其鬚髮。師始不欲，戲其徒曰：「爾以鬚髮，爲佛耶？」其徒愈强之，不得已又笑而從之。復到其所居爲同慶寺而歸之。諸徒復來，其事如初。師皆幻視，無所爲意。忽一日笑報其徒，示若有疾。以大中七年正月九日歸寂。年八十三，僧臘五十五。即窆於大溈之南阜。其徒言，將終之日，水泉旱竭，禽鳥號鳴，草樹皆白。雖有其事，語且不經，又非師所得之意，故不書。師始聞法於江西百丈懷海禪師，謚曰大智。其傳付宗系僧牒甚明，此不復出。師亡後十一年，其徒有以師之道上聞，始加謚號（大圓）及墳塔，以厚其終。豈達者所爲耶！

噫！人生萬類之最靈者，而以精神爲本。自童孺至老白首，始於飲食，漸於功名利養，是非嫉妒，得失憂喜，晝夜纏縛！又其念慮未嘗時餉歷息，煎熬形器，起如寃仇，行坐則思想，偃臥則魂夢，以耽淫之利欲，役老朽之筋骸。餐飲既耗，齒髮已弊，又拔白餌藥以從其事。外以夸人，內以欺己。曾不知息陰休影，捐慮安神，自求須臾之暇。以至溘焉而盡，親交不啻如行路，利養悉委之他人。愧負積於神明，辱殆流於後嗣。淫渝汗漫，不能自止。斯皆自心而發，不可不制以道術！道術之妙，莫有及此；佛經之說，益以神聖。然其歸趣，悉臻無有。僧事千百，不可梗概，各言宗教，自相矛盾。故褐衣圓頂，未必皆是。若予者，少抱幽憂之疾，長多羈旅之役。形彫氣乏，嘗不逮人，行年五十，已極遲暮。既無妻子之戀，思近田閭之樂，非敢强也，恨不能也。況洗心於是，踰三十載！適師之徒有審虔者，以師之圖形，自大潙來，知予學佛，求爲讚說。觀其圖狀，果前所謂鴻龐偉絕之度者也！既與其贊，又欲碑師之道於精廬之前。予笑而諾之。遂因其說，以自警觸——故其立言不專以褒大潙之事云爾！銘曰：

湖之南，湘之西，山大潙，深無蹊。
虎日嘯，猿又啼，雨槭槭，風淒淒。

高入雲，不可梯，雖欲去，誰與攜。
彼上人，忘其身，一晏坐，千餘旬。
去無疏，來無親，夷積阻，構嶙峋。
棟宇成，供養陳，我不知，徒自勤。
物之生，孰無情，識好惡，知寵驚。
真物藏，百慮陳，隨婉轉，任崢嶸。
雲糊天，月不明，金在鑛，火收熒。
我不知，天地先，無首尾，功用全。
六度備，萬行圓，常自隨，在畔邊。
要即用，長目前，非艱難，不幽玄。
哀世徒，苦馳驅，覓作佛，何其愚。
算海沙，登迷廬，眼喘喘，心區區。
見得失，繫榮枯，棄知覺，求形模。
近似遠，易復難，但無事，心即安。
少思慮，簡悲歡，淨蕩蕩，圓團團。

更無物，不勞看，聽他語，被人謾。
生必死，理之常，榮必悴，非改張。
造眾罪，欺心王，作少福，須天堂。
善惡報，正身當，自結裹，無人將。
心作惡，口說空，欺木石，嚇盲聾。
牛阿房，鬼五通，專覷捕，見西東。
禁定住，陽朦朧，與作為，事不同。
最上乘，有想基，無結淨，本無為。
人不見，自心知，動便是，莫狐疑。
其下說，沒文詞，識此意，見吾師。

〔註〕《全唐文》原標題為〈潭州大溈山同慶寺大圓禪師碑銘〉。

一一　靈光獨耀

出《聯燈會要》

福州古靈神讚禪師：本州人也。受業大中寺。有法眷三人，同出遊方，唯師參百丈，發明心地，後歸受業，侍立師側。

其師云：「汝等遊方，得何事業？」

第一人云：「某甲自辭和尚，在外讀書，粗能著文。」

第二人云：「某甲自辭和尚，在外聽得三本經論。」

師出云：「某甲自辭和尚在外，一如未遊方時。」

其師咄云：「這愚癡！大師兄能著文，小師兄能通經論；汝卻云：『一如未遊方時』，辱我何多！今後只在廚下執役。」

其師一日澡浴，命師去垢。師撫其背云：「好所佛殿，只是無佛。」

其師咄云：「這風顛漢，得與麼無禮！」

師云：「雖然無佛，也解放光！」其師疑其語。

又一日看經次，有蠅子鑽窗，師云：「世界如許廣闊，鑽他故紙，驢年去！」遂作頌云：

空門不肯出，投窗也太癡，
百年鑽故紙，何日出頭時。

其師置經，問云：「汝行腳遇何人？吾前後見汝，發言異常，無乃得上人法耶？當為我說！」

師云：「某甲蒙百丈和尚，指箇歇處；今欲報慈德耳。」

其師致齋，命師說法。

師陞座，舉唱百丈門風：

靈光獨耀，迥脫根塵，
體露真常，不拘文字。
心性無染，本自圓成，
但離妄緣，即如如佛。

其師言下感悟，乃云：「何期垂老，得聞極則事。」

師臨遷化，告眾云：「汝等諸人，還識無聲三昧麼？」眾云：「不識。」師云：「汝等靜聽，莫別思量。」眾皆側聆，師已示寂。

一二　摩尼珠喻（禪宗頓漸差異）

唐・圭峯宗密

相國裴休問禪宗諸宗——荷澤、洪州、牛頭、神秀——深淺、頓漸差別，圭峯宗密禪師一一具述；復以摩尼珠為喻，逐段顯發：

如一摩尼珠（一靈心也。圭峯註，下同），

唯圓淨明（空寂知也），

都無一切差別色相（此知本無一切分別，亦無聖凡善惡）。

以體明故，對外物時能現一切差別色相（以體知故，對諸緣時能分別一切是非好惡，乃至經營造作世，出世間種種事數。此是隨緣義也），

色相自有差別，明珠不曾變易（愚智善惡自有差別，憂喜愛憎自有起滅，能知之心不曾間斷。此是不變義也）。

然，珠所現色雖百千般，今且取與明珠相違者之黑色，以況靈明知見與黑暗無明，雖即相違而是一體（法喻已具）！

謂如珠現黑色時，徹底全黑，都不見明（靈知之心在凡夫時，全是迷愚、貪愛，都不見如來知見大圓智鏡。故經云：「身心等相，皆是無明也」）。

如痴孩子，或村野人見之，直是黑珠（迷人但見，定見凡夫）！有人語云：此是明珠。灼然不信！卻嗔前人，謂爲欺誑。任說種種道理，終不聽覽（宗密類遇如此之類，向道：汝今了了能知，見是佛心。灼然不信；卻云：「此是誘三婆二婦之言。」直不肯照察。但言：「某乙鈍根，實不能入。」此是大小乘，法相及人天教中著相之人，意見如此）！

縱有肯信是明珠者，緣自睹其黑，亦謂言被黑色纏裹覆障，擬待磨拭、揩洗，去卻黑暗，方得明相出現，始名親見明珠（北宗——神秀見解如此）。

復有一類人，指示云：即此黑暗便是明珠；明珠之體永不可見，欲得識者，即黑便是明珠。乃至即青、黃種種皆是。致令愚者的信此言，專記黑相，或認種種相爲明珠。或於異時見黑槵子珠、米吹、青珠、碧珠，乃至赤珠、琥珀、白石英等珠，皆云是摩尼。或於異時，見摩尼珠都不對色時，但有明淨之心，卻不認之，以不見有諸色可識認故，疑恐局於一明珠相故（洪州見解如此也！言愚者，彼宗後學也。異時見黑槵子等者，心涉世間分別塵境時，見貪嗔愛慢之念也。琥珀、石英者，如慈善、謙敬之念也。不對色時者，無所念也。但有明淨者，了了自知無念也。疑局者，彼之唯認知是偏局也）。

復有一類人，聞說珠中種種色，皆是虛妄，徹體全空，即計此一顆明珠，都是其空。便云：「都無所得，方是達人，認有一法，便是未了。」不悟色相皆空之處，乃是不空之珠（牛頭見解如此也！聞說空等者，諸部般若說空之經也。計此一顆等者，計本覺性亦空，無有所認。認有等者，聞說諸法空寂之處了了能知是本覺真心，卻云不了。不知心體不空；不空者，《涅槃經》說：「如瓶空者，謂瓶中無物名為瓶空，非謂無瓶。」言無者，心之中無分別貪嗔等念，名為心空。非謂無心。言無者，但為遣卻心中煩惱也！故知牛頭，但遣其非，未顯其是。從此下，皆顯荷澤意）。

何如直云：唯瑩淨圓明，方是珠體（唯空寂知也！若但說空寂而不顯知，即何異虛空！亦如圓顆瑩淨之瓷團，雖圓淨而無明性，何名摩尼！何能現影！洪州、牛頭但說無一物不顯靈知，亦如此也）。

其黑色，乃至一切青、黃色等，悉是虛妄（解略）！正見黑色時，黑元不黑，但是其明；青元不青，但是其明；乃至赤、白、黃等，一切皆然，但是其明。既於諸色相處，一一但見瑩淨圓明，即於珠不惑（解略）！

但於珠不惑，則黑既無黑，黑即是明珠；諸色皆爾。即是有無自在，明黑融通，復何礙哉（此同彼二宗也！黑即無黑同牛頭；牛頭但云：「一切皆無。」黑即是珠以下，同洪州；洪州云：「一切皆是佛性，凡聖善惡皆無所礙。」以下喻意再將荷澤本宗，結束三宗也）！

若認得明珠是能現之體，永無變易（荷澤），但云黑是珠（洪州宗），或擬離黑覓珠（北宗），或言明、黑都無者（牛頭宗），皆是未見珠也（都結）！

按：圭峯作此排列，後人不無提出異議，認其是站在荷澤宗立場說話。但拋開門戶之見不談，圭峯確能由淺至深，指出禪病，便捷於學人觀心修行。

一三　趙州真際禪師行狀

五代・釋惠通

師初南泉門人也。俗姓郝氏，本曹州郝鄉人也，諱從諗。師初隨本師，行腳到南泉，本師先人事（行禮也）了，師方乃人事。南泉在方丈內臥次，見師來參，便問：「近離什麼處？」師云：「瑞像院。」南泉云：「還見瑞像麼？」師云：「瑞像即不見，即見臥如來。」南泉乃起問：「你是有主沙彌？無主沙彌？」師對云：「有主沙彌。」泉云：「那個是你主？」師云：「孟春猶寒，伏惟和尚尊體起居萬福。」泉乃喚維那云：「此沙彌別處安排。」

師受戒後，聞受業師在曹州西住護國院，乃歸院省覲。到後，本師令郝氏云：「君家之子，遊方已迴。」其家親屬，忻懌不已，祇候來日，咸往觀焉。師聞之乃云：「俗塵愛網，無有了期，已辭出家，不願再見。」乃於是夜，結束前邁。

其後，自攜瓶錫，遍歷諸方，常自謂曰：「七歲童兒勝我者，我即問伊；百歲老翁不及我者，我即教他。」年至八十，方住趙州城東觀音院，去石橋十里已來。

住持枯槁，志效古人，僧堂無前後架，旋營齋食，繩牀一脚折，以燒斷薪用繩繫之。每有別制新者，師不許也。住持四十年來，未嘗賫（音來，付也）一封書告其檀越。

因有南方僧來，舉『僧問雪峯：「古澗寒泉時如何？」雪峯云：「瞪目不見底。」學云：「飲者如何？」峯云：「不從口入。」』師聞之曰：「不從口入，從鼻孔裡入？」其僧卻問師：「古澗寒泉時如何？」師云：「苦。」學云：「飲者如何？」師云：「死。」雪峯聞師此語，讚云：「古佛！古佛！」雪峯因此後不答話矣。

厥後，因河北燕王領兵收鎮府，既到界上，有觀氣象者奏曰：「趙州有聖人所居，戰必不勝。」燕、趙二王，因展筵會，俱息交鋒。乃問：「趙之金地，上士何人？」或曰：「有講《華嚴》大師，節行孤邈，若歲大旱，咸命往台山祈禱，大師未迴，甘澤如瀉。」乃曰：「恐未盡善。」或云：「此去一百二十里，有趙州觀音院，有禪師年臘高，道眼明白。」僉曰：「此可應兆乎！」二王稅駕觀焉。

既居院內，師乃端坐不起。燕王遂問曰：「人王尊耶？法王尊耶？」師云：「若在人王，人王中尊，若在法王，法王中尊。」燕王唯然矣。師良久中間，問：

「阿那個是鎮府大王？」趙王應諾：「弟子！」（緣趙州屬鎮府，以表知重之禮）師云：「老僧濫在山河，不及趨面。」須臾，左右請師為大王說法。師云：「大王左右多，爭教老僧說法。」乃約令左右退。師身畔時有沙彌文遠，高聲云：「啓大王，不是這個左右。」大王乃問：「是什麼左右？」對曰：「大王尊諱多，和尚所以不敢說法。」燕王乃云：「請禪師去諱說法。」師云：「故知大王，曩劫眷屬，俱是冤家！我佛世尊，一稱名號，罪滅福生；大王先祖，才有人觸著名字，便生嗔怒。」師慈悲非倦，說法多時。二王稽首讚嘆，珍敬無盡。

來日將迴，燕王下先鋒使，聞師不起，凌晨入院，責師傲亢君侯。師聞之乃出迎接，先鋒乃問曰：「昨日見二王來不起，今日見某甲來，因何起接？」師云：「待都衙得似大王，老僧也不起接。」先鋒聆師此語，再三拜而去。

尋後，趙王發使取師供養。既居城門，闔城威儀迎之入內，師才下寶輦，王乃設拜，請師上殿，正位而坐。師良久，以手斫額云：「階下立者，是何官長？」左右云：「是諸院尊宿，並大師、大德。」師云：「他各是一方化主，若在階下，老僧亦起。」王乃命上殿。

是日，齋筵將罷，僧官排定，從上至下，一人一問。一人問佛法，師既望見，乃問：「作什麼？」云：「問佛法。」師云：「這裡已坐卻老僧，那裡問什麼法？二尊不並化。」王乃令止。其時國后與王，俱在左右侍立，國后云：「請禪師爲大王摩頂受記。」師以手摩大王頂云：「願大王與老僧齊年。」

是時迎師權在近院駐泊，獲時選地，建造禪宮。師聞之令人謂王曰：「若動著一莖草，老僧卻歸趙州。」

其時，竇行軍願捨果園一所，直一萬五千貫，號爲真際禪院；亦云竇家園也。

師入院後，海衆雲臻！是時趙王禮奉燕王從幽州奏到命服，鎮府具威儀迎接，師堅讓不受，左右舁箱至師面前云：「大王爲禪師佛法故，堅請師著此衣。」師云：「老僧爲佛法故，所以不著此衣。」左右云：「且看大王面。」師云：「又干俗官什麼事？」乃躬自取衣挂身上。禮賀再三。師惟知應喏而已

師住趙州二年。將謝世時，謂弟子曰：「吾去世之後，焚燒了，不用淨淘舍利！宗師弟子不同浮俗；且身是幻，舍利何生，斯不可也！」令小師送拂子一枝與趙王，傳語云：「此是老僧一生用不盡底。」

師於戊子歲十一月十日端坐而終。于時竇家園道俗車馬數萬餘人，哀聲振動原野。趙王於時盡送終之禮。感嘆之泣，無異金棺匿彩於俱尸（拘尸羅，佛滅度地）矣；

莫不高營鴈塔，特豎豐碑。謚號曰真際禪師光祖之塔。

後唐保大十一年孟夏月，旬有三日，有學者咨問東都東院惠通禪師趙州先人行化厥由，作禮而退，乃授筆錄之具實矣。

附　趙王與師作真（像）讚、悼詩

真讚：

碧溪之月，清鏡中頭，
我師我化，天下趙州。

〈哭趙州和尚〉二首：

師離滹水（今河北省百泉河．滹音斯）動王侯，心印光潛麈尾收，
碧落霧霾松嶺月，滄溟浪覆濟人舟。
一燈乍滅波旬喜，雙眼重昏道侶愁，
縱是了然雲外客，每瞻瓶几淚還流。

佛日西傾祖印隳，珠沈丹沼（污池也）月沈輝，
影數丈室爐煙慘，風起禪堂松韻微。

隻履乍來留化迹，五天何處又逢歸，
解空弟子絕悲喜，猶自潸然對雪幃。

一四　御製天聖廣燈錄序

宋仁宗

惟大雄之闡教也，以清淨爲宗，慈悲救世，解煩惱之苦縛，啓方便之化門。安住雪山，始階於西域；飛行漢殿，遂通於東旦。彼土得道，何可勝言，此方承流，於是乎在。雖陰魔時有於侮伐，或示神通；而帝釋常加於護持，無虧實相。自法眼受記，笈多印心，佛衣不傳，逮六祖而頓悟；牛頭析派，續千燈而罔窮。繇茲慧炬益繁，法雲滋蔭！旁行梵學，轉譯華音；叩寂禪關，指迷覺路。了達者至乎離妄，超登者于以忘筌；爲無所不通之明，處不可思議之首。歷代聖帝、明王，且有爲之信嚮者矣。

我太祖之乘籙也，正法延乎住世；我太宗之握紀也，妙供滿乎諸天；真宗皇帝，密契菩提之心，深研善逝之旨。能仁之化，一雨溥霑；外護之恩，一纓喜捨。朕嗣膺景祚，子育羣黎；將以驅富壽之民，居常奉調御之本。丕冒基構，雖祇席於蘿圖；導引津梁，每欽惟於竺毡。此乃遵前王之導也！其可忽諸。

《天聖廣燈錄》者，鎮國軍節度使駙馬都尉李遵勗之所編次也。遵勗承勞外館，受律齋壇；靡恃貴而驕矜，頗澡心於恬曠。竭積順之素志，趨求福之本因；灑六根之情塵，別三乘之歸趣。蹟其祖錄，廣彼宗風；采開士之迅機，集叢林之雅對，粗裨於理，咸屬之篇。嘗貢紺編，來聞扆座，且有勤請，求錫於文。朕既嘉乃誠，重違其意。載念薄伽之旨，諒有庇於生靈；近戚之家，又不嬰於我慢，良亦可尚！因賜之題，豈徒然哉！亦王者溥濟萬物之源也。其錄三十卷。時

景祐三年四月日賜序

一五 福州雪峯山故真覺大師語錄序

北宋・王隨

余早慚慒學，偶竊上第，出遭熙世之日，驟歷清華之職。而每以憂恚內畜，聲利外馳，客塵翳于本源，風波鼓其營慮。認世榮爲久樂，聆禪談爲戲論，安知乎寵辱齊致，生滅一如。方以執迷，忽矣有悟。向者出牧杭府，謫官崇川，退食自公，居多暇日，因覽《傳燈錄》雪峯上堂語云：「盡乾坤是箇解脫門。」又別云：「三世諸佛十二部經，到此徒勞。」精究茲義，豁如醉醒！乃知道豈云遠，歸真則達；佛不在外，因心乃成。尋有偈曰：「廓然見佛旨，天地掌中視。」噫！妙明之旨既覺，圓頓之理斯契；脫煩惱之羈鞅，踏清涼之境界。

今年初春，有閩中高士江夏黃君洵武，同雪峯山崇聖禪院知御藏賜紫僧守勛垂訪，勛公捧故雪峯真覺大師語要一軸，且云：

「大師法號義存，姓曾氏，泉州南安邑人也。祖先而下，欽奉真諦。大師生而聰警，不茹葷血，孩提時聞鐘磬、睹僧佛，必喜動容色。九歲欲捨家，父母鍾愛，弗之許焉。後三年從家君遊莆田玉澗寺，禮寺主僧慶元，以其行業高潔，即曰：『我師也。』遂留侍左右。年十七祝髮。以唐武宗罔崇像法，乃隱跡芙蓉山。俄而宣宗皇帝復其道也，乃北遊吳、楚，直抵燕、秦，受具于幽州寶刹寺。而後南歸，居名巖，轉妙輪，闡宗教者四十年。聚清衆常不下千五百人。而又傳密印者，則有玄沙、鵝湖、洞巖、鼓山、昭慶五尊者；同垂大名，至于今之世矣。

緊先師法要未著冠篇，後裔恥之，叢林歎息。欲求數十言，光於厥集，可不偉歟！」

余曰：向者因觀先真覺機緣語而開悟，今獲盡覽其所述言句，若積陰而睹瑞日，久暍而飲甘露，其幸也何如爾！矧見託於序引，敢輒形於牢讓？聊述斐筆於帙首云爾。

天聖龍集壬申歲仲春戊戌日　西齋敘

一六　法身歌

北宋・汾陽善昭

蕩蕩全軀，人天莫測，
雖無念以無私，乃有恩而有力。
展之不舒，收之不克，
現千般異像於人天，化萬類長懸於太極。
震威靈無邊剎土，豈礙星辰；
化羣生有識界中，寧亡軌則。
不話無功，豈談寂默；
興大悲而拔苦有恩，運大慈而與樂無德。
或擒或縱，只在臨機，
或用或施，互為光飾。
用則遍滿十方，施則不移晷刻，

縱則放曠寬容，擒則毗耶杜默。
實不思議，可行可止；
只目前兮巍巍莫睹，在纖塵兮落落何視。
有作有能，無心無意，
上智聞兮爽神，下士見兮眼翳。
塞之杜源，通之流水。
明白只要心開，不管古今道理，
一念不通有塞，瞥爾心開無滯。
雖然毫髮不收，曾與空王同志，
直言普告人天，分明這個不是。
復云：那個是。

一七　禪本草（附〈炮炙論〉）

北宋・慧日文雅

禪，味甘性涼，安心臟，祛邪氣，闢壅滯，通血脈，清神，益志，駐顏色，除熱惱，去穢惡，善解諸毒，能調衆病。藥生人間，但有：大、小、皮、肉、骨、髓、精、麁之異。獲其精者爲良，故凡聖尊卑，悉能治之。餘者多於叢林中，吟風詠月。世有徒輩，多采聲殼爲藥食者，誤人性命。幽通密顯，非證者莫識。不假修煉，炮製一服，脫其苦惱，如縛發解，其功若神，令人長壽。故佛祖以此藥，療一切衆生病，號大醫王，若世明燈，破諸執闇。所慮：迷亂、幽蔽、不信，病在膏肓，妄染神鬼，流浪生死者，不可救焉！傷哉！

附 炮炙論（湛堂文準禪師因雅述〈禪本草〉作本論佐之）

北宋・湛堂文準

人欲延年長生，絕諸病者，先熟覽〈禪本草〉。若不觀〈禪本草〉，則不知藥之溫良，不辨藥之真假。而又不諳何州何縣，所出者最良。既不能窮其本末，豈悟藥之體性耶！近世有一種不讀〈禪本草〉者，卻將杜漏藍，作綿州附子，往往見面孔相似，便以爲是。苦哉！苦哉！不惟自誤，兼誤他人。故使後之學醫者，一人傳虛，萬人傳實；擾擾逐其末，而不知安樂返本之源！日月浸久，橫病生焉；漸攻四肢，而害圓明常樂之體；自旦及暮，不能安席；遂及膏肓，枉喪身命者多矣！良繇初學麁心，師授莽鹵，不觀〈禪本草〉之過也。若克依此書，明藥之體性，又須解如法炮製！

蓋炮製之法：先須選其精純者，以法流水淨洗，去人我葉，除無明根，秉八還刀，向三平等砧碎剉，用性空真火微焙之，入四無量臼，舉八金剛杵，杵八萬四千下，以大悲千手眼篩篩之。然後成塵塵三昧，錬十波羅蜜爲圓。不拘時候，煎一念相應湯，下前三三圓、後三三圓。除八風、二見外，別無所忌。

此藥功驗，不可盡言，服者方知。此藥深遠之力，非世間方書所載。俟後之學醫上流，試取〈藥本草〉觀之，然後依此炮製，合而服之，其功力蓋不淺也。

一八　草庵歌

北宋・光孝慧蘭

吾結庵兮非世寶，通身盡是無生草，
本來基址坦然平，四維上下無邊表。
庵中人，匪生老，妙用縱橫無作造，
不村不郭不深山，暑往寒來俱不到。
問此庵，在何處，父母未生好薦取，
掣電之機儻未分，穿雲陟嶺反相誤。
住庵人，何面目，混沌初分堪委曲，
此時一著太分明，不解依前打瓦卜。
或言大，等閒收向針鋒界；
或言小，森羅普印毫端杪；
或言貴，覿面指陳無可示；

或言賤，萬斛驪珠終不換；
或言顯，爍迦羅眼覷難見；
或言隱，塞破虛空光炯炯；
欲識庵中舊日人，大千沙界俱銷殞！

一九 一喝分五教

載《人天眼目》

淨因蹣庵成禪師，同法真、圓悟、慈受，並十大法師，齋于太尉陳公良弼府第。時徽宗私幸觀其法會。善華嚴者，對衆問諸禪師曰：「吾佛設教，自小乘至圓、頓，掃除空、有，獨證真常，然後萬德莊嚴，方名爲佛。禪家一喝，轉凡成聖，與諸經論，似相違背！今一喝若能入五教，是爲正說；若不能入，是爲邪說！」

諸禪師顧成，成曰：「如法師所問，不足諸大禪師之酧！淨因小長老可以使法師無惑也。」

成召善！善應諾。成曰：「法師所謂佛法小乘教者，乃有義也；大乘始教者，乃空義也；大乘終教者，乃不有不空義也；大乘頓教者，乃即有即空義也；一乘圓教者，乃不空而不有、不有而不空義也。如我一喝，非唯能入五教，至於百工技藝，諸子百家，悉皆能入！」

成乃喝一喝，問善曰：「還聞麼？」善曰：「聞。」成曰：「汝既聞，則此一喝是有。能入小乘教。」

成須臾，又召善曰：「還聞麼？」曰：「不聞。」成曰：「汝既不聞，則適來一喝是無，能入始教。」

成又顧善曰：「我初一喝，汝既道有，喝久聲消，汝復道無。道無，則元初實有；道有，則于今實無。不有不無，能入終教。」

成又曰：「我有一喝之時，有非是有，因無而有；無一喝之時，無非是無，因有故無。即有即無，能入頓教。」

成又曰：「我此一喝，不作一喝用，有無不及，情解俱忘。道有之時，纖塵不立；道無之時，橫遍虛空。即此一喝，入百千萬億喝；百千萬億喝，入此一喝。是能入圓教。」

善不覺身起于坐，再拜於成之前。

成復爲善曰：「非唯一喝爲然，乃至語默動靜，一切時、一切處、一切物、一切事，契理契機，周遍無餘。」

於是，四衆歡喜，聞所未聞。龍顏大悅，謂左右侍臣曰：「禪師有如此玄談妙論！」

大尉啓曰：「此乃禪師之餘論耳。」

二〇 印可狀（示虎丘紹隆）

北宋・圜悟克勤

有祖已來，唯務單傳直指，不喜帶水拖泥、打露布、列窠窟鈍置人。蓋釋迦老子，三百餘會，對機設教，立世垂範，大段周遮，是故最後徑截省要，接最上機。雖自迦葉二十八世，少示機關，多顯理致，至於付受之際，靡不直面提持。如倒刹竿，盌水投針，示圓光相，執赤幡，把明鏡，說如鐵橛子傳法偈，達磨破六宗，與外道立義，天下太平，番轉我天爾狗，皆神機迅捷，非擬議思惟所測。洎到梁游魏，尤復顯言，教外別行，單傳心印，六代傳衣，所指顯著。逮曹溪大鑑，詳示說通宗通。歷涉既久，具正眼大解脫宗師，變革通塗，俾不滯名相，不墮理性言說，放出活卓卓地，脫洒自由，妙機遂見，行棒行喝，以言遣言，以機奪機，以毒攻毒，以用破用。所以流傳七百年來，枝分派別，各擅家風，浩浩轟轟，莫知紀極。然鞠其歸著，無出直指人心；心地既明，無絲毫隔礙，脫去勝負、彼我、是非、知見、解會，透到大休、大歇、安隱之場，豈有二致哉！所謂百川異流同歸于海。要須是個向上根器，具高識遠見，有紹隆佛祖志氣，然後能深入閫奧，徹底信得及，直下把得住，始可印證，堪爲種草。捨此，切宜寶秘愼詞，勿作容易放行也。

五祖（五祖法演）老師，平生孤峻，少許可人，乾曝曝地壁立，只靠此一著，常自云：如倚一座須彌山，豈可落虛，弄滑頭謾人；把個没滋味鐵酸餡，劈頭拈似學者令咬嚼，須待渠桶底子脫。喪卻如許惡知惡見，胸次不掛絲毫，透得淨盡，始可下手鍛煉，方禁得拳踢，然後示以金剛王寶劍，度其果能踐履負荷，淨然無一事，山是山，水是水，更應轉向那邊，千聖籠羅不住處，便契乃祖已來所證傳持正法眼藏，及至應用爲物，仍當驅耕夫牛奪飢人食，證驗得十成無滲漏，即是本家道流也。

摩竭陀國親行此令，少林面壁全提正宗，而時流錯認，遂尚泯默，以爲無縫罅、無摸索，壁立萬仞；殊不知本分事，恣情識摶量，便爲高見，此大病也。從上來事，本不如是，巖頭云：只露目前些子。個如擊石火、閃電光，若搆不得，不用疑著，此是向上人行履處。除非知有，莫能知之。趙州喫茶去，祕魔巖擎杈，雪峯輥毬，禾山打鼓，俱胝一指，歸宗拽石，玄沙未徹，德山棒，臨濟喝，並是透頂透底，直截剪斷葛藤，大機大用，千差萬別，會歸一源。可以與人解黏去縛。若隨語作解，即須與本分草料，譬如七斛驢乳，只以一滴師子乳滴，悉皆迸散！要腳下傳持，相繼綿遠，直須不徇人情，勿使容易，乃端的也。末後一句，始到牢關，誠哉是言！透脫死生，提持正印，全是此個時節。唯踏著上頭關棙子底，便諳悉也！

隆公知藏，湖湘投機，還往北山十餘年，真探賾精通本色衲子。遂舉分席。訓徒已三載，予被睿旨移都下天寧，欲得法語以表道契。因爲出此數段。

宣和六年十二月中澣　佛果老僧書

二一　重開宗門統要序

南宋・耿延禧

《大寶積經》云：「如來所演八萬四千法藏、聲教，皆名爲文；離諸一切言音文字，理不可說，是名爲義。」又云：「若諸經中文句廣博，能令衆生心意踴躍，名不了義；若有宣說文句及心皆同灰燼，是名了義。」《大涅槃經》云：「若人聞說大涅槃一字一句，不作字相，不作句相，不作聞相，不作佛相，不作說相，如是義者，名無相相。」以是觀之，諸佛以無說說，其來久矣。達磨西來，重爲拈出；爲其拘滯於教相也，則曰：「教外別傳不立文字。」爲其委曲於情解也，則曰：「直指人心見性成佛。」是故答第一義諦曰：「廓然無聖。」則憐其不契而渡江。慧可再拜依位而立，則以爲得髓而傳法。是豈與諸佛有異耶？蓋所謂當機覿面提，覿面當機疾。如石火電光，擬議即差，念起情生，斯爲關鎖耳！故余嘗論之，如來老婆心切，乃曰：「正法眼藏分付摩訶迦葉。」臨濟丈夫氣概，乃曰：「正法眼藏向這瞎驢邊滅卻。」是二老子同曲異調。若聞余是說，言語及心皆同滅燼，不作一字一句，及諸名相；則如來禪、祖師禪，庶幾意領而神解乎！

《宗門統要》，首以西竺諸佛，繼以東震諸祖，及前世宗匠，所以指導後學；與後世作家，所以抉剔前人者，合爲一書。皆出乎文字，而直指人心，學者不可不家有而日見之。豫章李氏，鏤板以傳，兵火之餘既已煙滅；莆陽天寧長老慧澤，既傳心宗，復明教意，知如來、祖師禪等無有異，乃命刊行，以垂久遠。求余爲序，以冠篇首。昔僧問巴陵：「祖意、教意是同是別？」陵云：「雞寒上樹，鴨寒下水。」又問：「三乘十二分教則不疑；如何是宗門中事？」師云：「不是衲僧分上事。」「如何是衲僧分上事？」曰：「貪觀白浪，失卻手橈！」若知此者，則三世諸佛無所說，歷代祖師未嘗傳，《統要》徒集葛藤，居士戲加序引，可付之一笑而已矣！

紹興三年二月日序

二二　五燈會元題詞

南宋・大川普濟

世尊拈花，如蟲禦木。
迦葉微笑，偶爾成文。
累他後代兒孫，一一聯芳續燄。
大居士就文挑剔，亘千古光明燦爛！

淳祐壬子冬　住山普濟書于直指堂

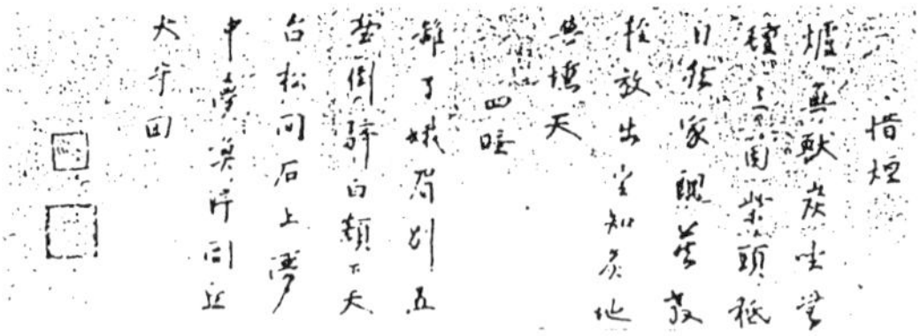

二三 圓覺經夾頌集解講義跋

南宋・癡絕道沖

大光明藏，情與無情，咸處其中。無上法王，世間出世，悉歸所統。一時薄伽婆，無說而說。十二大菩薩，不聞而聞。況此經不涉言詮：諸講師如何註解？略通線路，隨世刊行。據令而行，合投諸火。

淳祐丙午佛成道日　金陵玉山庵主道沖書

又

南宋・無準師範

喚作圓，虧缺了也；道箇覺，迷昧了也。黃面瞿曇，十二大士，密說顯演，已是註解。其餘經師、論師，於註解下，又添解註。且：正文畢竟在甚處？恁麼問，好與三十拄杖。覺如居士，倘能下手，徑山甘受不辭。

淳祐丁未二月三日（住徑山）無準叟師範敬書

又

南宋・石溪心月

知而無知，是第二頭。不知而知，落第三首。請居士不得動著，還我圓覺、覺如底第一籌來！

淳祐丁未仲春旦日　石溪老僧心月書于靈鷲一峯

又

南宋・偃溪廣聞

鈔解疏，疏解經，經解什麼?·覺如居士窮諸家疏鈔，掇而拾之∴且道此經從何而出?·忽若一語不玄，謗斯經故。

四明千丈岩主廣聞題

二四　跋覺如居士手書心經

南宋・石溪心月

覺如居士，公務餘暇，手書《法華》、《楞嚴》、《圓覺》、《金剛》等經，仍集古今諸家解說，布於章句之下，末後取功於《心經》，其微意不言可知。余展卷一觀，見諸家所註，一言是一言，一句是一句；居士所書，一畫是一畫，一字是一字。不免合掌贊嘆：奇哉《心經》也！若離此別求，可乎？

淳祐己酉端午後五日　靈隱住山某跋

二五　跋梵書心經

南宋・虛堂智愚

橫鈎三點，似月如星，老胡用盡機關，一生拈弄不出；若更加其彔彔曲曲，自謂海外得來，何異楚人以雞爲鳳。要得恁麼，直須盡大地明眼譯師，無啓口處，方合斯旨。

二六 題傳燈三十五祖圖後

南宋・偃溪廣聞

形興未質，名起未名；既名既兆，已是描畫虛空了也！何況心心相印，法法相傳；大似重施五彩然，一人唱之，一人和之，禍事！禍事！豈止西天此土而已；將見窮塵毛刹海、亙千萬億劫，無有一人能免其負累者！明眼衲僧，若開此卷，向釋迦未出世、達摩未來時，著得隻眼，方知二千年事，盡在今日。

二七 如來禪・祖師禪（示日本關東法孫）

南宋・兀菴普寧

關東掌國法孫，誠至信向佛法，只欲發明己躬一大事，懷香袖紙，拜求法語，并袈裟，爲究道之助。勉爲引筆云：

信爲道源功德母，長養一切諸善根。所以諸佛法者，皆從信心之所生，但信心堅固，則善心堅固；若善心堅固，則道心堅固；若道心堅固，則佛心堅固。與天地同根，萬物同體，利人利物，亙古亙今，無一絲之差別者也！

信心者，信向佛法僧三寶，敬信天地人神，孝養父母師長，一切事皆能敬信，無有退失。信能必到如來地者∴信向心如是，便能持五戒、修十善。若持五戒堅固，善根不斷，必生人道。若修十善堅固，必生天道。若生生信心堅固、善根不斷者，即是三資糧、四加行位，菩薩十住位、十行位、十回向位、煖、頂、忍、世第一位，是也。自此從凡入聖，十地位菩薩，乃至金剛心後解脫道初，方且漸次入等覺位、妙覺位。自十地位，至此妙覺位，謂之如來地∴說法如雲，利生如雨，自利利他，度未度也。如來地者，即自己信向堅固之心是也；持五戒、修十善堅固之心是也。但心心堅固，位位增修，無有退失者，即是佛心，必到如來地也。縱饒修習到此，卻不要執著，直須沒彼前來之位名，但彰自己之實行：吾亦不知吾是誰，與天地同根，萬物同體，方有少分相應！戒律中、教相中，所說一同。

若要參透向上一著，須是離心、意、識參，出聖、凡路學，方有趣向分！豈不見趙州和尚，有僧問云：「狗子還有佛性也無？」州答云：「無。」自古及今，惱亂天下衲僧，無有休日。法孫但十二時中，行住坐臥，只向無之一字，切切留心，念念不捨，食息不忘，日久歲深，忽然參透，歷歷分明，絲毫無疑，自己本來面目，本地風光，頓現在前！便與從上諸佛諸祖，所得所證無別，此生他生得大自在，得大解脫。便見從前信心、善心、佛心、自己心、他人心、天地同根之心、萬物同體之心，無一毫差別；盡大千世界、日月星辰、山河大地，亦無一毫差別。於無差別中，千差萬別！信心亦如是，善心亦如是，佛心亦如是，乃至菩薩心、緣覺、聲聞之心，天地人、飛走、山河大地之心，亦如是！心心既如是，可以治國治家，利人利物，盡未來際，無有退失！作是說者，聞是說者，誰復誰乎？咄！從前汗馬無人識，只要重論蓋代功。

二八　看話頭

南宋・陳貴謙

提刑陳貴謙，曾參月林、鐵鞭諸老，於參究工夫，得其要旨，同朝（南宋理宗）侍郎真德秀，一代大儒，人稱西山先生，以禪門事叩之，謙答曰：

承下問禪門事，仰見虛懷樂善之意；顧淺陋，何足以辱此！然敢不以管見陳白。

所謂話頭合看與否？以愚觀之，初無定說。若能一念無生，全體是佛；何處別有話頭！只緣多生習氣，背覺合塵，刹那之間，念念起滅，如猴猻拾栗相似；佛祖輩不得已權設方便，令咬嚼一箇無滋味話頭，意識有所不行：將蜜果換苦葫蘆，淘汝業識，都無實義，亦如國家兵器，不得已而用之。今時學者，卻於話頭上，强生穿鑿，或至逐箇解說，以當事業，遠之遠矣！

來教謂：誦佛之言，存佛之心，行佛之行，久久須有得處。如此行履，固不失爲一世之賢者，然禪門一著，又須見徹自己本地風光，方爲究竟；此事雖人人本具，但爲客塵妄想所覆，若不痛加鍛煉，終不明淨！

來教又謂：道若不在言語文字上，諸佛諸祖何謂留許多經論在世？經是佛言，禪是佛心，初無違背；但世人尋言逐句，没溺教網，不知有自己一段光明大事；故達摩西來，不立文字，見性成佛，謂之教外別傳。非是教外別有一個道理。只要明了此心，不著教相。今若只誦佛語，而不會歸自己：如人數他珍寶，自無半錢分，又如破布裹真珠，出門還漏卻。縱於中得少滋味，猶是法愛之見；本分上事，所謂金屑雖貴，落眼成翳！直須打併，一切淨盡，方有少分相應也。

要知吾人皆是誠心，非彼世俗自瞞，以資談柄而已。姑以日用驗之：雖無濁惡粗過，然於一切善惡逆順境界上，果能照破，不爲他所移換否？夜睡中夢覺一如否？恐怖顛倒否？疾病而能作得主否？若目前猶有境在，則夢寐未免顛倒；夢寐既顛倒，疾病必不能作得主宰；疾病既作主宰不得，則生死岸頭，必不自在。所謂如人飲水，冷暖自知。

待制舍人於功名鼎盛之時，清修寡慾，留神此道，可謂火中蓮花矣。古人有言：「此大丈夫事，非將相之所能爲也。」又云：「直須高高峯頂立，深深海底行。」更欲深窮遠到，直到不疑之地。

來教謂：無下手處。只此無下手處，正是得力處！如前書所言：靜處、鬧處，皆著一隻眼，看是甚麼道理？久久純熟，自無靜鬧之異！其或雜亂紛飛，起滅不停，卻舉一則公案，與之廝捱；則起滅之心，自然頓息，照與照者，同時寂滅！即是到家消息也。

某亦學焉而未至也，姑盡吐露如此！不必他示，恐有儒釋不侔者，必大怪之。待制舍人他日心眼開明，亦必大笑而罵之。

二九　金剛經集解序〔註一〕

南宋・楊圭

《金剛經》者，乃諸佛傳授之心法，而天人光明無盡藏也！靈山會上，拈華微笑，迦葉已了此一大事。是時佛本無經，經亦無說。然法無頓漸，人有利鈍；性無加損，乘有上下。由是見聞覺知、文字論說，紛然自此而熾；至唐時，解注已八百餘家。心法隱於耳目之傳，殃及後代兒孫，莫此爲甚矣！

竊以：諸佛說法，不離自性！須知一切萬法，皆從自性起用。吾心地無非，自性戒；心地無痴，自性慧；心地無亂，自性定。常見自心、自性；自修、自度，不從人得，即是自性釋迦、自心彌勒，先天地而不爲始，後天地而不爲終。所以一宿覺云：「法身覺了無一物，本原自性天真佛。」山谷道人亦云：「公若知本原，佛亦不相似。」此又百尺竿頭進步，下注腳也。蓋性無生滅，氣有聚散，煉氣合性，則千聖同源，萬靈常在，經中所謂金剛不壞身者！此乃學佛之極功，初非有待於外。切忌從人腳跟走也！

嘗謂：諸佛無輪迴，聖賢無地獄。然未至於聖賢、諸佛，隨人唱和，一切付之無有，此後世小人敢於無所忌憚者，決裂於爲惡，趦趄於趨善，流轉六塵，拘攣四相；愛河漂浪之深，慾海沉溺之苦，形骸未變，而行甚虎狼，幽陰未墮，而魄沉鬼魅。乃知造物之無造，而四生六道之自造也！我佛大慈氏橫說縱說，感應無邊，如一月水、萬竅風，聽其自取，悉皆充足，亦不過爲衆生解黏釋縛，妄幻掃除，真實現前，還汝本來面目，而無一衆生可度也。

雖然，道本無言，言之則麤；禪本無說，說之則末。所以德山棒（德山入門便棒），臨濟喝（臨濟入門便喝），大愚三拳（註二），天龍一指（註三），無二法門付之亡言（註四）纔舉話頭且喫茶去（趙州和尚），恁麼也不得，不恁麼也不得，恁麼不恁麼總不得（祖師言）。到這裡，懸崖撒手，口耳俱喪！纔有所重，便成窠臼（巖頭示衆），應無所住而生其心（六祖因此句悟道）。蓋所重、所住，皆爲禪病，諸佛所訶也！如上見成公案，會得時活潑潑地，不會得時，只得弄精神；蓋好事不如無也（註五）！

或謂：「吾道（指理學）自濂溪，河洛諸公開其祕，朱張文宣二先生集其成，昭如日月，人病弗繇耳！子於是學，存養省察，亦有年矣；今乃遽然自叛其說，而於異學張本，以犯天下之不韙，何邪？」

僕曰：「此一卷經，窮鄉委巷，匹夫匹婦，人人受持誦念，叩其理義，懵然不知下落，今掇拾諸解之英華，因其所向而順導之，使人人知佛之行，此亦覺則同覺、成不獨成之意。元成劉先生有言曰：『芻蕘（芻蕘，採薪者也）之言，聖人擇焉。』且佛法豈不及於芻蕘之言乎？公因舉《法華經》云：『或遭王難苦，臨刑欲壽終，念彼觀音力，刀尋段段壞。』猶如割水、吹光，水火之性不動搖，亦如觸諸毒苦，吾性湛然，此乃得觀音無畏之力。僕謂：若參到無畏境界，則生死涅槃，猶如空華；得馬亡羊，無非夢幻；三境九幽（三清之境，九幽之獄），皆為淨土；玉食糲飯，均是一飽；山林朝市，到處隨緣；逆境順境，總是樂國。心與般若相應，則六根四大，何聚何散；身與真空相應，則刀割、香塗，何苦何樂。此儒家謂之無入不自得，佛氏謂之隨順覺性也！

又況，國初以佛學名家者，不可勝舉！如王文正公、晁文元公、楊文莊公、楊文公；近世陳忠肅公、李忠定公，扶皇極，開太平，持危扶顛，排姦斥邪，風節凜然，與日爭輝！然亦何貶於儒、道？文元公《法藏碎金》諸書，無非開佛心見；文莊公平日五鼓盥漱，誦《金剛經》者，三十年而不輟！文公與璉禪師遊，出其所得，撰《景德傳燈錄》，以淑後人。由是而觀，區區之迹，未可論人也！」

或曰：「德山攜《金剛經鈔》，南遊見龍潭，至夜入室，揭簾而出，潭乃點紙燭付之，方接吹滅，山當下大悟，盡焚其鈔！今子捃摭筌蹄，正所謂：百年鑽故紙，無有出頭時？」

答曰：「要熟，須從這裡打過！如未造德山地位，便欲焚鈔，切恐子未夢見《金剛經》在！」

一日，舉似潘舜卿、龔德莊，大噱（噱，笑也）曰：「唯。」唯舜卿載初，清修之士，不茹葷酒，深於此經，同共編集，去取之功尤多。圭捐金鋟梓，以廣法施云。

宋紹定辛卯長至日　大中大夫浦城縣開國男食邑三百戶賜紫金魚袋致仕楊圭謹識

〔註一〕本集解世稱《金剛經十七家註》。

〔註二〕大愚三拳：臨濟三度問黃蘗：佛法的的大意？三度被打。後得大愚點破，忽然大悟。不覺失聲云：「元來黃蘗佛法無多子！」愚云：「你見個什麼，便恁麼道？」臨濟於大愚肋下築三拳。愚遂托開云：「汝師黃蘗，非干我事。」

〔註三〕天龍一指：俱胝和尚欲往諸方參尋，天龍和尚豎一指而示之！俱胝當下大悟。每云：「我得天龍一指頭禪，一生用不盡。」

〔註四〕無二法門，付之亡言：《維摩經》文殊師利問維摩詰：「我等各自說已，仁者當說，何等是菩薩入不二法門？」時維摩詰黙然無言。

〔註五〕好事不如無：文遠侍者禮拜，被趙州打一棒。遠云：「禮拜也是好事。」州云：「好事不如無！」

（以上均原註）

三〇 萬松老人評唱天童覺和尚頌古從容庵錄序

元・耶律楚材

予昔在京師時，禪伯甚多，唯聖安澄公和尚，神氣嚴明，言辭磊落，予獨重之；故嘗訪以祖道，屢以古尊宿語錄中所得者叩之！澄公間有許可者，予亦自以為得。及遭憂患以來，功名之心，束之高閣，求祖道愈亟，遂再以前事，訪諸聖安。聖安翻案，不然所見。予甚惑焉！聖安從容謂予曰：「昔公位居要地，又儒者多不諦信佛書，惟搜摘語錄，以資談柄，故予不敢苦加鉗鎚耳！今揣君之心，果為本分事以問予，予豈得猶襲前愆，不為苦口乎？予老矣，素不通儒，不能教子。有萬松老人者，儒釋兼備，宗說精通，辯才無礙，君可見之。」

予既謁萬松，杜絕人迹，屏斥家務，雖祁寒大暑，無日不參，焚膏繼晷，廢寢忘餐者幾三年。誤被法恩，謬膺子印，以湛然居士從源目之。其參學之際，機鋒罔測，變化無窮：巍巍然若萬仞峯，莫可攀仰，滔滔然若萬頃波，莫能涯際；瞻之在前，忽焉在後——迴視平昔所學，皆塊礫耳！噫！登東山而小魯，登泰山而小天下者，豈虛語哉！其未入閫域者，聞是語，必謂予忘本好異也；唯屏山（李純甫，號屏山）閑閑：其相照乎！

爾後，奉命赴行在，扈從西征，與師相隔，不知其幾千里也！師平昔法語、偈頌，皆法兄隆公所收，今不復得其稿。吾宗（曹洞宗）有天童者，頌古百篇，號為絕唱，予堅請萬松評唱是頌，開發後學。前後九書，間關七年，方蒙見寄。予西域伶仃數載，忽受是書，如醉而醒，如死而甦，踴躍歡呼，東望稽顙，再四披繹，撫卷而歎曰：萬松來西域矣！其片言隻字，咸有指歸，結款出眼，高冠今古，足為萬世之模楷：非師範人天、權衡造化者，孰能與於此哉！

予與行宮數友，旦夕游泳於是書，如登大寶山，入華藏海，異珍奇物，廣大悉備，左逢而右遇，目富而心飫，豈可以世間語言形容其萬一邪？予不敢獨擅其美，思與天下共之。京城唯法弟從祥者，與僕為忘年交，謹致書請刊行于世。以貽來者。迺序之曰：

佛祖諸師，埋根千丈，機緣百則，見世生苗。

天童不合抽枝，萬松那堪引蔓，湛然向枝蔓上更添芒索！穿過尋香逐氣者鼻孔，絆倒行玄體妙底腳跟。

向去若要腳跟點地，鼻孔撩天，卻須向這葛藤裡穿過始得！

甲申中元日　漆水移剌楚才晉卿敘於西域阿里馬城

三一　六祖大師法寶壇經序

元・古筠德異

妙道虛玄，不可思議，忘言得旨，端可悟明。故世尊分座於多子塔前，拈華於靈山會上，似火與火，以心印心。西傳四七，至菩提達磨，東來此土，直指人心，見性成佛。有可大師者，首於言下悟入，末上三拜得髓，受衣紹祖，開闡正宗。三傳而至黃梅，會中高僧七百，惟負舂居士，一偈傳衣，爲六代祖。南遯十餘年，一旦以非風旛動之機，觸開印宗正眼。居士由是祝髮登壇，應跋陀羅懸記，開東山法門。韋使君命海禪者錄其語，目之曰：《法寶壇經》。

大師始於五羊，終至曹溪，說法三十七年，霑甘露味，入聖超凡者，莫記其數。悟佛心宗，行解相應，爲大善知識者，名載《傳燈》。惟南嶽、青原執侍最久，盡得無巴鼻；故出馬祖、石頭，機智圓明，玄風大震。乃有臨濟、潙仰、曹洞、雲門、法眼諸公，巍然而出。道德超羣，門庭險峻，啓迪英靈衲子，奮志衝關，一門深入，五派同源。歷遍鑪錘，規模廣大。原其五家綱要，盡出《壇經》。

夫《壇經》者，言簡義豐，理明事備，具足諸佛無量法門。一一法門，具足無量妙義；一一妙義，發揮諸佛無量妙理。即彌勒樓閣中，即普賢毛孔中，善入者即同善財，於一念間，圓滿功德，與普賢等，與諸佛等。惜乎《壇經》，爲後人節略太多，不見六祖大全之旨。德異幼年，嘗見古本，自後遍求三十餘載，近得通上人尋到全文，遂刊於吳中休休禪庵，與諸勝士，同一受用。惟願開卷舉目，直入大圓覺海，續佛祖慧命無窮。斯余志願滿矣。

至元二十七年庚寅歲中秋日敘

三二　佛事（拈高麗金書《法華經》）

元・中峯明本

此《法華經》，深固幽遠，無人能到，今日因甚麼卻在幻住手中？於斯薦得，便見大海之東，大海之西，大海之南，大海之北，一會靈山儼然未散！如其未委，黃金自有黃金價，終不和沙賣與人。

三三　臨濟正宗之碑

元・趙孟頫

佛法大智慧破一切有，以大圓覺攝一切空，以大慈悲度一切衆。始於不言而至於無所不言，無所不言而至於無言。夫道非言不傳，傳而不以言，則道在言語之外矣。是爲佛法最上上乘。如以薪傳火，薪盡而火不窮也。故世尊拈花，迦葉微笑，一笑之頃，超然獨得：尚何可以言語求哉！

自摩訶迦葉，二十八傳而爲菩提達摩，始入中國，居嵩山少林寺面壁坐者九年。達摩六傳而爲能，能十傳爲臨濟。臨濟生於曹州，遊學江右，事黃蘗問佛法的的大意，蘗便打，如是三問三度被打。辭往大愚，理前話云：不知過在什麼處？愚曰：黃蘗恁麼老婆爲汝得徹困，猶覓過在！師言下大悟。歸鎮州築室滹沱河之上，今臨濟院是也。因號臨濟大師。師之於道，得大究竟；繇臨濟而上，至於諸佛，諸佛之下，至於臨濟，前聖後聖無間然矣。直指示人，機若發矢，學者聞之耳目盡喪，表裡無據。自能後，禪分爲五，唯師所傳號爲正宗。一傳爲興化獎，再傳爲南院顒，三傳爲風穴沼，四傳爲首山念；又五傳爲五祖演，演傳天目齊，齊傳懶牛和，和傳竹林寶，寶傳竹林安，安傳海西堂容菴，容菴傳中和璋，璋傳海雲大宗師簡公。

海雲性與道合，心與法冥，細無不入，大無不包。師住臨濟院，能系祖傳，以正道統；佛法蓋至此，而中興焉！當世祖聖德神功文武皇帝（忽必烈）在潛邸，屢屈至尊請問道要，雖其言往復紬繹，而獨以慈愛不殺爲本。師之大弟子二人，曰可菴朗、賾菴儇。朗公度華菴滿，及太傅劉文貞。儇公度西雲大宗師安公。師以文貞公機智宏達，使事世祖皇帝。當是時，君臣相得，策定天下，深功厚德，祖於元元；卒爲佐命之臣，皆自此賢之也。

元貞元年，成宗有詔，迎西雲住天都大慶壽寺，進承清問。經歷三朝，發撝玄言。得諸佛智，懸判三乘如一二數。由是臨濟之道，愈擴而大。今皇帝（順宗）欽承祖武，獨明妙心，刻玉爲印，以賜西雲。其文曰：臨濟正宗之印。獨加師：榮祿大夫大司空。領臨濟一宗事。仍詔立碑臨濟院。且命臣孟頫爲文，稱揚佛祖之道，以示不朽。臣孟頫既敍其所傳授，又系之銘。

銘曰：

佛有正法，覺明妙心，
二十八傳，至於少林。
赫赫少林，師我震旦，
使為佛種，不鍥而斷。
傳十世後，而得臨濟，
為道坦然，如指而示。
又十六世，是為海雲，
坐祖道場，能紹厥聞。
維我世祖，誕膺天命，
威震九有，維佛是敬。
聞師之名，若古賢聖，
嘗進一言，深入聖聽。
不殺之仁，其利甚弘，
俾大弟子，為帝股肱。
至西雲公，能嗣其業，

據師子座，為眾演說。
聞者讚歎，信者鄉風，
得者如寶，悟者如空。
今皇帝聖，深契道要，
曰臨濟宗，緊爾能紹。
即心即佛，時迺世守，
傳不以言，而以心受。
皇帝萬年，正法永傳，
尚迪後人，勿昧其原。

三四　松雲文

元・千巖元長

石溪空禪師大建松雲閣，繪三教聖賢影像，並藏其書，以資三教學者流覽。徵文於當世銘之，無敢命筆者。空素聞千巖名，乃邀游松雲，敍其所以，千巖弗少遜辭，文成四百五十言，自書其壁。松雲文曰：

見到、說到、行到，猶是到到，未是不到到，雖是不到到，未是不到到到！何也？世尊四十九年，喫了現成閑飯，皷這兩片皮，說是說非，說長說短，說出許多閒言長語滿世界，狼狼藉藉！末後知非，無惜慚惶處，乃云：「始從鹿野苑，終至跋提河，我於二中間，未曾說一字。」敗也！敗也！

老子亦云：「道可道，非常道；名可名，非常名。」名亦言也；既非常名，言之何用？死也！死也！

孔子亦云：「亂之所由生，言語以爲階。」乃欲無言，謂天何言？露也！露也！

你看他這三個漢，如向一片淨潔地上，撒屎撒尿了，有底將灰土蓋卻，有底將糞箕苕帚掃卻，有底將水洗卻，任你如何，只是臭氣還在！引得許多蠅、蚋、蚊、虻、螻、蟻、蚤、蝨之類，競來砸啗，各成窠窟，頭出頭沒，脫離無由！秦坑之、永平火之、三武滅之，愈熾愈盛；雲門殺之、德山罵之、臨濟喝之，彌高彌大；樹繞藤纏，至今無個合殺！

石溪本空禪師，奮巨靈劈太華之手，用芥子納須彌之機，建一閣，扁曰松雲。繪佛祖三教聖賢諸師形像，於松雲之上，及取三教之書，悉藏松雲之中——無彼此之分，絕人我等見，直顯圓融廣大法門耳！

或謂：辨魔揀異，宗門眼目，秤斤定兩，向上鉗鎚。豈可雷同？事須甄別！曰：會麼？——瓶、盤、釵、釧一金；毒藥、醍醐一味！

其人不覺手舞足蹈！而歌曰：

松雲萬朵兮，溪山盤盤，

松風一曲兮，谿月團團。

冰崖笋出，炎天雪寒，

眼睛只在眉毛上，分付渠儂仔細看！

三五　四牛圖（附王以寧序）

元‧虎丘雪庭

古今作〈牧牛圖〉，皆方便之一端耳！或黑、或白、或有、或無，然皆未能盡善。今雪庭道人，獨以四牛，皆一色白。中間二位，悟則逆騎，迷則順騎；前後二位爲牛者，表父母未生，及涅槃時也。四皆白者，表迷也不失，悟也不得，生亦不來，死亦不去：露地坦然，法身明矣。

龍圖王以寧序

一、父母未生，空劫那畔，世界未成，此性已具，坦然明白，本體純真：衆生因妄發生，聖人從悲起智。頌曰：

混沌不分處，三緣未合時。（三緣：神識、父、母）
神通難可測，佛眼莫能窺。
坦蕩全軀白，安眠露地肥。
為耽春色好，又被業風吹。

二、三緣既合，六賊互興，捨父逃亡，迷己逐物，同門出入，各不相知，向外馳求，自生退屈。故謂之迷。頌曰：

改換毛衣了，從茲不自由。
只知今日事，忘卻舊時牛。
步步雖同轍，昂昂不轉頭。
四山成隔閡，相逐沒時休。

三、回頭忽見，覿面相逢，十二時中，全承渠力，君臣道合，父子相投，自利利他，續佛慧命。故謂之悟。頌曰：

瞥爾家欄裡，回頭識得伊。
不須常管帶，取次倒橫騎。
似客歸家日，如兒得母時。
平田荒草裡，吹唱哩囉哩。

四、始終一貫，起滅同時，終日生而不生，終日死而不死，廓然絕迹，湛爾清虛，如金博金，似水歸水，不斷煩惱，而入涅槃，不住玄關，匪居正位，披毛戴角，向異類中行。此諸佛頓證法門，非衆生見聞境界。頌曰：

脫下娘生袴，還歸不動尊。
萬緣具頓罷，一路涅槃門。
大海波瀾息，青天絕點雪。
披毛同異類，無剎不現身。

三六　定應大師布袋和尚傳

元・無夢曇噩

大師不知何許人也！五季梁時，見於明州奉化縣，蹙頞（頞，鼻莖）皤腹（腹大），形裁腲脮（腲脮音尾腿，胖、舒遲貌），世莫知其族氏、名字，常自稱契此；若長汀子、布袋和尚，則以人之所見稱也。日夕寢食無常處，而岳林寺其所歸宿云。每以錫杖、布袋自隨，且有十八小兒謹逐之：然亦不知小兒何從來也。行聚落田野間，見醯醢魚葅，輒乞入口，餘以投袋中，至闤闠（市肆）處，開袋，盡取撒下，謂衆云：「看！看！」復一一拈起，問人云：「你道這個是甚麼？」如是良久，納袋中，荷而去。……

師偶立街市上，僧問云：「在這裡作甚麼？」師云：「化緣。」僧云：「十字街頭化甚麼緣？」師云：「十字街頭正好化緣。」僧擬議，師荷布袋大笑而去。白鹿和尚問：「如何是布袋？」師放下布袋，叉手而立。問：「如何是布袋下事？」師荷布袋便行。保福和尚問：「如何是祖師西來的的意？」師放下布袋而立。問云：「只如此，更有在？」師荷布袋而行。

師分衛（托鉢、乞食）所至，輒遮挽不得去，酒爐屠肆，皆恣其飲啖不厭惡，謂能使所貨倍售而獲利多也！遇雨，晨起高齒木屐，豎股臥大橋上，是日必晴；遇晴，繫草屨疾走，是日必雨。師嘗飯田家，其媪怒詈其夫曰：「農忙時，又何暇恤此風和尚耶？」師即傾其飯桑下而去！已而飯在釜中，媪尋自責求懺悔。夏浴溪水中，脫衣置岸上，羣童戲斂衣走，師裸逐之，岸人聚觀，竊見其陰藏，蓋童真也！有陸生者，善畫，肖師像于寺庫院壁，師過之，唾不已。

師之在閩中，有陳居士者，館遇甚謹，及游兩浙，與之別。居士問曰：「和尚何姓？何年月日生？法臘幾何？」師云：「你莫道我姓李，二月八日生，只這布袋，與虛空齊年。」

居士因謂師曰：「和尚此去，若有人問，只恁麼對，不可墮他人是非？」師答以偈曰：「是非憎愛世偏多，仔細思量奈我何。寬卻肚皮常忍辱，放開洪日暗消磨（一作「豁開心地任從他」）。若逢知己須依分，縱遇冤家也共和。要使此心無罣礙，自然證得六波羅。」

又問：「和尚有法號否？」師又答以偈曰：「我有一布袋，虛空無罣礙，打開遍十方，入時觀自在。」

又問：「有行李否？」答以偈曰：「一鉢千家飯，孤身萬里遊，睹人青眼在（一作青目睹人少），問路白雲頭。」

又問：「弟子愚魯，如何得見佛性？」以偈答曰：「即個心心心是佛，十方世界最靈物，縱橫妙用可憐生，一切不如心真實。」

又問：「和尚此去，須止宿寺舍，莫依族舍而住。」答以偈曰：「我有三寶堂，裡空無色相，不高亦不低，無遮亦無障。學者體不如，求者難得樣。智者解安排，千古無一匠。四門四果生，十方盡供養。」

居士異之，復作禮曰：「願和尚再留齋宿，以盡弟子恭敬之意。」是夕，師復書一偈於居士之門，曰：「吾有一軀佛，世人皆不識。不塑亦不裝，不雕亦不刻。無一塊泥土，無一點彩色。工畫畫不成，賊偷偷不得。體相本自然，清淨常皎潔。雖然是一軀，分身千百億。」……

貞明三年三月三日，示寂于岳林寺廡（廊）下磐石上。

師無恙時，鎮亭長以師不事事，遇則每加詬辱，且奪其袋焚之，明日師荷袋去來如舊，如此三奪三仍舊，雖亭長亦心異之。至是買棺使殮，以贖懺其過。舁者雖衆，不能舉，別有童氏素敬師，以棺易之，舁不加衆，而輕舉若羽。於是邦人設大會，建塔於封山之原。其山皆巖石，石之窪穴，皆大師遺迹也：有卓錫處；有置鉢處，置鉢之穴，其深淺小大如其鉢，而水常盈其中，雖大旱不少涸，可異也。……

晉天福初，興化軍莆田縣令王仁煦，遇大師於江南天興寺，後又遇於福州官舍，出懷中圓封書，戒王曰：「我七日不來，則開以看。」王如誠，開圓封，無他語，止一偈也。偈曰：「彌勒真彌勒，化身千百億，時時示世人，世人俱不識。」後書九字云：「不得狀吾相，此即是真。」至是乃知師是彌勒佛也！宋熙寧三年，莆田裔孫鑄，尚能寶存其真迹。明年，晉安劉繼業，摹其偈文，兼寫大師像，刻石於宜春，而遺其九字。元豐四年，沙門宗尚得其本，始摹刻於岳林寺。後三年，溫陵人呂振，監明州市舶，出莆田裔孫所藏九字真本，俾住持如恂，刊於偈後。恂以幻相非大師意，命去之，乃移偈於石，并九字刻之，以傳焉。盧釋祗者，嘗令此縣，尤敬慕之，使人圖其像，迎入縣署，供養，即風雨隨至，祈禱殊有驗，因香火至今。

師所作偈頌頗多，茲姑錄一、二，以警世云：「騰騰自在無所爲，閒閒究竟出家兒。若睹目前真大道，不見纖毫也大奇。萬法何殊心何異，何勞更用尋經義。心王本自絕多知，智者祇明無學地。非聖非凡復若乎，不強分別聖情孤。無價心珠本圓淨，凡名異相妄空呼。人能弘道道分明，無量清高稱道情。攜錫若登故國路，莫愁諸處不聞聲。」

已而有術士謂人曰：「一二百年後，布袋和尚所居岳林寺道場復興。」宋紹興間，住持圓明，迺東林照覺之嗣子、福州陳居士之裔孫，既新封山塔亭，馮斯道等又施四圍山地，增廣其基。忽發異光，掘之，獲黃色淨瓶，六環錫杖，制度奇古，觀者太息。有司上其事，元符開元戊寅六月日，敕賜今謚（《定應》）。（下略）

此其迹也！若夫本者，則遍塵剎以皆存，歷沙劫而不朽；正報既然，依報亦爾。微大師，吾誰與歸。

前天台國清寺住持無夢沙門　曇噩撰

三七　布袋和尚（傳）後序

明・釋廣如

恭聞：法身無相，具含諸數之形；覺性無生，何妨起滅之念。一切世界如虛，五蘊身心不實；以其不實如虛，故世界即毗盧法界，蘊心即圓覺妙心。歷劫無生，萬古無滅，廓爾深奧，湛寂靈明。斯一切如來與諸衆生，同證菩提之極果也。特其未悟天真，妄耽幻相，沈迷苦海，自取輪迴。

佛雖滅度，契經三寶，充滿人寰，信樂精持，如佛在世。智淺障深，對面千里，故聖人不得不降御人間，度諸凡類。古稱四明（註）三佛地者：過去維衞佛，示現啞女相，以柔和智德而感化；釋迦如來流布舍利，特放光現瑞而利生，《三佛傳》載之詳矣！惟彌勒世尊，紹釋迦佛位，依法式度生，《觀因果經》云：「釋尊接迦葉佛之道統，恆居兜率陀天，號曰護明菩薩，應期降誕，轉大法輪，洪濟萬類，普利河沙。曾記彌勒賢劫佛之第五，故號補處。非惟補瞿曇佛位，亦補釋尊天宮，仍居兜率陀天，號曰慈氏菩薩。」雖居兜率天宮，化身十方界，慈憫大千國土、九界衆生。或修六度萬行，或縱三毒、四倒，或造地獄深因，或植人天小果。由是作大帲幪（蓋覆也；在旁曰帲，在上曰幪），亭毒（成熟）普化。

一於六朝蕭梁時，降迹義烏，爲傳大士，建道場於雙林，有語錄垂世。

一於唐末僖宗朝，偶現於四明，爲布袋僧。祖腹含笑，隱德如癡，竟不知其何許人也。儀形不恭飾，處世少範規。第吐詞蓋天蓋地，布武（行跡）非聖非凡，實而不虛，混而不鑿。恆以十八童子，環遶如戲，爲諸根塵、淨智，互現神通。常持布袋，示佛宗猷，包攝無量密因，運出無緣妙用。凡見世間縱心緝（音攝，結緝也，一曰縫餘）業，極意貪圖者，師以隨方調順，展轉啓明，令彼處仁守義，達妄即真。或分衞處，視其爭貪利路，沈醉愛河者，師以和言巽語，解其扃（關鈕也）鐍（鎖鑰也），指向要關，稱彼機宜，直譚覺慧，勉其剋剪塵習，銷鑠邪風。人人被法沾恩，恰似綠楊春意。遇道流時，唯善知識。要須了悟自己圓覺靈明，廓爾無礙，無礙不動真如，真如綿密無間，無間周遍圓融，圓融解脫自在，自在無可不可。信口譚玄，超清絕解。沃斯旨者，個個心開智淨，宛同杲日麗天。

師遊北上，見屠兒宰畜，諫曰：「一切畜生，是造業人果報！貧道無財能救。

願諸長者，饒此生靈，教彼活命。蠢動含靈具佛性，仁者應須慈眼看。非惟慈悲利物之德，更植菩提長壽之因。」

復值宰牛者，曰：「殺牛之人號羅刹，殺他自殺誰驚怛；刀山斧斫暨鑊煎，何劫何時獲解脫。」

僧問：「如何降伏妄心」？師曰：「心是何物，徒勞調伏；妄本無根，放下無迹。諸緣擾攘，一真寧寂。如如法界體堂堂，砍不破兮遮不黑。」

師指流俗僧曰：「汝本是佛，何滯凡情。當鏟剭（音屋，重誅也）諸緣，滌蕩塵習，力究心體無生，須達妙明真性。果獲無礙圓通，便是出塵羅漢。否則，屈殺丈夫也！」

師受田家齋，問道，答曰：「手揑青苗種福田，低頭便見水中天，六根清淨方成稻，退步原來是向前。」

師於大橋上夜坐，忽有强人窺探，師曰：「貧道無財，君亦無妄，何貪財利，自蔽妙明？歷劫生來，被貪所誤，枉受輪迴，汝何不省，暗懷攘竊，無端造罪？何不反思自心，未遇境緣，貪無所起！則知一念不生，是汝真性，即汝安身立命之處！立刻究明無生之旨，已是蹉過若干好時節矣。」偈曰：「由貪淪墮世波中，捨卻貪瞋禮大雄，直截凡情無所得，圓明寂照汝心宗。」

師出街衢，見市人擠擠，嘆曰：「奔南走北欲何爲，日歲光陰頃刻衰，自性靈知須急悟，莫教平地陷風雷。」又曰：「趣利求名空自忙，利名二字陷人坑，疾須返照娘生面，一片靈心是覺王。」

鄉人問師：「師何常持布袋？」答曰：「包納乾坤。」曰：「意趣若何？」師答以偈：「圓覺靈明超太虛，目前萬物不差殊，十方法界都包盡，惟有真如也太迂。」

僧問：「如何是頓漸法門？」師曰：「汝心即正智，何須問次第？聖凡都不到，空花映日飛。」

師受關主齋，問曰：「今日出關，何時入關？若有出入，即非禪關；若無出入，誰號禪關？有無一致，出入齊觀，無爲直指，菩提涅槃。」偈曰：「關非內外絕中央，禪思宏深體大方，究理窮玄消息盡；更有何法許參詳。」

有問師：「如何化導？」答以偈曰：「肩挑明月橫街去，把定乾坤莫放渠，遇聖遇凡俱坐斷，寂光勝地可安居。」

師於寺前佇立，衆僧問師：「久立何爲？」師曰：「我在此候個同參釋迦未生的人。」衆笑曰：「釋尊說法利生滅度久矣。」師曰：「汝等徒知佛之滅度，焉知佛之未生？苟知未生，定知無死。只知無死二字，衲子家珍，當諦信不疑。皎然非物，爾我皆如也。否則，虛生浪死。」偈曰：「無生無死佛家風，不墮古今莫定蹤。觸處圓明常湛寂，龍華、雞足兩無從。」

僧問：「如何是道？」師曰：「碧水映孤峯，寒潭迎皎月，爾我不知宗，須彌足底越。」

師見行者，擔柴運水至，問曰：「汝水若還清，汝身被水溺。汝柴若還燥，汝身被火燎。燒溺病同途，大夢原未覺。汝能鞭起懸空靈覺心，反覆看渠非深奧。神光獨耀性真常，現成公案方知道，便能穩坐毗盧頂上吹清調。」

師爲講主曰：「大道無名，大闡無聲，大悟無道，大真無外，大覺無妄，大似無我，大寂無定，大用無爲，大法無乘。座主果能了卻聖凡情，吾將布袋連底傾。」

師遊化諸方，內祕般若沖玄之正智，韜晦聖乘；外示落魄不間之中流，似同凡類。適僧俗會於蘭若，時問道，師曰：「當絕攀緣，體會覺性，性本常住，永無生滅，以無生性中示現生滅之法，以生滅性中全體涅槃真如。汝自不審，認假爲真，執著世諦，甘受輪迴，空遭塗炭，猶未醒悟。若能回首知非，旋機破膽，不越一念洞見真源。」

故余觀師隨機答話，喚醒迷途，備殫雪嶺宗風，直示西來大意。是故道人處凡世而無染，導羣迷而無礙。的指萬法，生無所生，究竟寂滅，滅無所滅。寂滅尚不存，何言可指示！斯乃最上禪宗、達摩骨髓，又誰可得而擬議者哉！

即如傅大士，初見梁武帝時，問曰：「如何是道？」對曰：「即心是道！國主未陞殿時，未起念先，大智妙明，輝今耀古，充塞太虛，萬古無生，永劫無滅，非聖非凡，無縛無脫，斯是妙湛心體。心外無別道，道外無別心，故曰即心是道。」

帝問曰：「師事誰也」？對曰：「師無所師，事無所事，從無所從。」復告王曰：「國主是救世菩薩，應以無著爲宗，虛懷爲本，無相爲因，涅槃爲果。其爲國也，以正法治世，仁德化民，任賢去奸，勝殘去殺，兵戈息而部伍寧，天位雄而太平著。斯國主天機神妙，踐祚恆如，貧道之所至望也。」

劉中丞，見聖駕到，大士不起座，問曰：「如何不臣天子，不友諸侯。」答曰：「敬中無敬性，不敬無不敬心。貧道若動身，則法地動，一切法不安矣。」

聖主請大士講經；大士登座，默然良久，撫尺下座。太子問曰：「如何不論義？」對曰：「語默皆佛事；復何言也。」

復告王曰：「貧道有如意寶珠，清淨解脫，照徹十方，國主若能受者，疾至菩提。」蓋一切諸法，不有不無，凡所有相，同歸實際，世間幻化，莫不歸空，百川萬流，咸歸於海。世出世法，莫過真如，實無生滅，故無涅槃，三世平等，十方清淨。以清淨平等之法，饒益有情，同登覺岸，如是妙法度世，名大慈悲也。

大士甫見經藏於雙林，俾諸衆等推、挨、轉、運，令初地凡夫，當爲轉經功德，緣於成佛正因。天下龍藏，祖法於此也。

忽一日，見定光、金粟、釋迦從東方來，寶光異香，集大士身，唱言：「當代釋迦說法，坐龍華勝會。」明指文殊垂普愍，慧集即觀音，輔揚祕密之淳風，大施醫王之良劑，有回天轉地之功，起死超生之法。須彌矗漠，奚妨日月之麗天，肉眼凡夫妄分明暗之相。石壁橫空，不礙大士之過地；拱高孚（孚通鶩，躁也）祖，自悔驕慢之心。甫擊木槌，闕內閽門悉啓；拈起布袋，兜率內院齊來。大爐鞲前多鈍鐵，良醫門下饒病人；一粒真丹，點鐵成金，一言法語，革凡成聖。是故帶水拖泥之禪，度生急務；含垢和光之德，利物先鋒。八方湖海是圓覺道場，總一家之受用；

十類衆生具真如妙性，同一子之眷情。發義天之祕奧，廣被迷途；開心地之玄宗，普收利鈍。故師示衆云：「萬象森羅，纖塵不立；一真法界，百行紛紜。如如至理，動靜皆禪，一念契真，倏登彼岸。」

斯乃布袋和尚、雙林大士，兩地同敷阿逸多氏之慈風也。何傅大士自稱當來解脫善慧大士；何布袋老人往復二十餘年，韜光晦德，不知所由？雖然，隱顯難量，順逆莫測！觀其拈一物示衆云：「這是兜率陀天的。」師從北還，持一文錢示衆云：「這是龍華會裡的。」分明指示人，人自不察耳！蓋素鄙其禮貌疏闊，衆皆忽之。故絕唱之詞，多不傳世。世卒無有能識之者。

迨師滅度數年，而寄書蔣摩訶，有偈云：「彌勒真彌勒，化身千百億，時時示世人，世人俱不識。」乃始知其爲彌勒化現也！師若不道破，畢竟無能識。是以如意摩尼現，誰人識本真。惟有蔣摩訶，慇勤奉事。以後蜀使寄聲，跏趺而逝，亦非凡情可測。觀二師先後出世，僧俗權機，任彼讚毀，信疑總屬龍華得度因緣。故此隨緣導利衆生，應機隨汰佛性。面對彌勒，誰能甄別？故曰：現凡修聖道，果地集凡因。當說無所說，常度無度人，法印無來去，宗途絕故新。

余故憶其玄言要旨，實不下於雙林（傅大士）！後數百年，大元佛懿大禪師曇噩，傳其故事；因觀師於閩中陳居士，盤桓問答，展轉啓明，句句法雷獅吼，令人頓開心地，不一而足。讀之不覺汗下。廣如性質凡愚，埋頭鍛鍊，禪宗一著未破，腦後一錐未明，如喪考妣，何暇他論！因邇建岳林寺之兩禪德，復刊彌勒傳，力徵余再敍布袋宗由。固辭弗獲，輒稽之別傳語錄，凡屬布袋語，彙而載之，代爲慈氏一言。或通，則不妨無言而言，言之無礙。（下略）

萬曆間，本寺住持南禪師，糾（告也）寺僧萬金、萬全，共出衣資，重新大殿，稍稍落成，寥寥數禩。今守愚和尚，法緣、明慈協力募資，矢心興建……迄今數年，大雄殿之崇麗，千佛閣之崢嶸，俾然香、散花、翹勤頂禮者，往心整肅，正眼豁開，天真佛性，當體自明！人人證本地風光，更從何處覓佛也！余復告曰：

大用繁興時，不干寂滅定。
莊嚴佛淨土，覺性自無生。
導引迷途者，頓令最上乘。
滿目菩提道，端居不動尊。
子明一著子，何參布袋僧。

沙門廣如撰

〔註〕

四明：四明山，浙江鄞縣西南方，天台山北方山麓一帶，總稱為四明山。介於慈谿、鄞、奉化、新昌、四明、上虞、餘姚等諸縣交界處。自古為我國佛教勝地之一。

三八　徑山和尚愚菴禪師四會語序

明・宋濂

或問於濂曰：「世間至大者何物也？」曰：「天與地也。」曰：「至明者又何物也？」曰：「日與月也。」曰：「然則，佛法亦明且大也，其與天地日月齊乎？」曰：「非然也！」曰：「其義何居？」曰：

「天地日月，寓乎形者也！形則有成壞、有限量；雖百億妙高山，中涵百億兩曜，百億四天下；以至于恆河沙數，皆有窮也！皆有止也！此無他，囿乎形者也！若如來大法，則不然：既無形體，又無方所；吾不能爲成，孰能爲之壞；吾不爲後，孰能爲之先；吾不爲下，孰能爲之上。芒乎、忽乎、曠乎、漠乎、微妙而圓通乎！其大無外，其小無內，真如獨露，無非道者。所以超乎天地之外，出乎日月之上。大而至於不可象，斯爲大矣；明而至於不可名，斯爲明矣！

是故以有情言之，則四聖以至六凡，或迷或覺，佛法無乎不具也。以無情言之，則水、火、土、石，與彼草木，或洪或纖，佛法無乎不在也。三乘十二分教，不能盡宣也，八萬四千塵勞門，不能染污也。嗚呼！假須彌山以爲筆，香水海以爲墨，書之以不可說、不可說阿僧祇數劫，其能盡贊頌之美乎！」

然而，佛法固明且大也；其靈明之在人也！萬劫雖遠，不離當念，一念不立，即躋覺地，亦在夫自勉之而已！濂雖不敏，每遇學佛者，喜談而樂道之，初不以其證人淺深而有間其意，頗有見於斯也。

徑山住持愚菴禪師，得法於元叟端心，四據名藍，敷揚佛法，以聳人天龍鬼之聽。緇素相從，如雲歸岫。其弟子觀通等，會粹成書，介吾友用堂梗公來徵文，以題其首。濂懸燈而熟讀之，其解人膠纏，如鷹脫絛鏇（絛鏇音韜旋，絲帶纏縛也），摩雲而奮飛也；其方便爲人，如慈母愛子，一步而三顧也；其全機大用，如大將臨陣，旗鼓動而矢石集也。誠一代之宗師，而有德有言者歟！

雖然，不二門中，一法不立，何況於言！覽者當求禪師言外之意，使意見兩忘，而忘忘亦忘，方近道矣。

嗚呼！佛法超乎天地之外，出乎日月之上，豈細故哉，人患不求之爾！今極其贊頌，而書于此錄之端，實欲起人之敬信也。繪畫虛空，非愚則惑，濂蓋無以逃其責矣。

洪武八年二月二十一日 翰林侍講學士中順大夫知制誥同修國史兼太子贊善大夫金華宋濂序

三九　答淮康王書

明・鼎菴了嵩

大源殿下，夙稟悲願，永作人王，不爲富貴所牢籠，獨以四無量心，時時薰習；蓋百千劫人王中之善知識來也。且世俗百石之家，沈酣五欲，恃縱驕奢，曾不少省；況殿下名位崇尚，孜孜斯道，非夙植德本，何能若此！又寄書山中索警策之言，何過遜也。

某祖述〈剩語〉一章，〈山偈〉一律，特進大源大居士閒玩耳。古之國王大臣，與吾門先人問道之際，未嘗有警策之說，惟是單提向上，覿面相呈，所得妙在言外。奈近來人心浮薄，法運下衰，不得不於方便語言處體究；諒殿下天稟，不與時輩同論！倘於此道，果無所契，須奮一段悠久勇猛之志，看取古人「萬法歸一，一歸何處」之語。既得此旨，勿生擬議，於一切處，莫問閒忙，不拘坐臥彼此，莫動其懷，物欲莫遷。其念不急不緩，不沈不浮，大要在一歸何處！或有善惡境現，不可認著，認著是病！單單只提一歸何處？更不容第二念，驀爾悟去。到此田地，了然明白，與三世諸佛同登聖位，歷代祖師共坐道場。錦衣、繡幄，即爲蓮座、寶幢；玉冕、金簪，總是香纓、華髻。

若於此等法界，急不能證，須當發十種良心：

第一、念無常、老病，不與人期，發精進心

第二、念佛教提攜，轉凡入聖，發外護心

第三、念世間污染，如陽燄空華，了無實處，發清淨心。

第四、念羣生沈困，時刻無安，發濟度心。

第五、念今生不悟，失卻難回，發勇猛心。

第六、念善心難同，道侶難合，發保任心。

第七、念明世罕遇，盛會難逢，發輔助心。

第八、念坐尊貴牀，作邦國主，發無上心。

第九、念眷屬平等，悉當憐憫，發溫顧心。

第十、念求菩薩道，世世不忘，發尊勝心。

果能發心如是，即與華嚴無異，治世境緣，頭頭合轍，過去未來，無所不遂矣。

四〇　真心直說後跋

明・天界蒙堂

夫心者，是世間、出世間萬法之總相也。萬法即是心之別相。然其別有五：

一、肉團心：狀如蕉蕾，生色身中。係無情攝。

二、緣慮心：狀若野燒，忽生忽滅。係妄想攝。

三、集起心：狀如草子，埋伏識田。係習氣攝。

四、賴耶心：狀如良田，納種無厭。係無明攝。

五、真如心：狀同虛空，廓徹法界。係寂照攝。

已上五心，前四皆妄，念念生滅；後一是真，三際一如。若不揀辯分明，猶恐認妄爲真，其失非小。故引佛經、祖語，問辯徵釋，開示迷妄根源，指陳修證本末。次第一十六章，始於正信，終乎所往。深明真心之捷徑，故名直說。予獲是書，僅十餘載，朝夕觀覽，以爲棲神之祕要。一日出示衆信善士感節菴，居士陳普忠，慨然樂施，綉梓流傳。庶修心之士觀之者，感悟真心之妙，迥出直說之表也。

是爲跋。

正統十二年歲在丁卯臘月八日　大天界蒙堂比丘

四一 爲四衆說戒

明・古庭善堅

諸佛之戒，妙契一心，蠢動含靈，本來無欠。然則蠢動含靈，舉體是戒；況人天四衆，而不具乎？此戒即汝等一念清淨之心也！當知心外無戒，戒外無心；心即本源之戒，戒即本源之心。擬欲別求，無有是處！到這裡，一念回光，徹見心源，了知全體是戒。若或不信，向外投塵，非吾門之正宗也。

戒實佛祖之根，戒乃衆生之本；未有離根本而獲戒者。當知戒無形相，戒無莊嚴，于心無漏，全彰戒體。

吾所言戒，非涉律儀，未名條目，實汝等本源清淨之戒德也！此戒不屬有無，非存持犯，汝等才出母胎，早自具足；到此仍于面上栽眉畫目，豈非大錯。《梵網經》云：「一切衆生，受我本源清淨心戒。」教既已明，若于文言、紙墨上受得，將來于菩提心戒，終無有實。此戒不擇妍醜，及與根缺之人，但具靈識，本來是戒。若能妙契於心，與佛無異。有持有犯，是二乘之戒；無犯無持，是最上乘之戒，此戒謂一切衆生本源妙心正戒。從無量劫來，淨潔光麗，即今人人眼目定動，心戒大彰！到這裡，且道是持？是犯？若也恁麼見說，於一切處，自然明明歷歷，何曾點汙他來？若舉一念于心外，求受別戒，早自埋沒己靈。

蓋此心戒者，的體淨潔，了無纖染，縱使盡大地都是個糞坑，與我本來心戒，實非相犯。爲汝等無始劫來，至于今日，迷頭認影，捨己投塵，勞他佛祖出定，設其對治，演規立矩。然乃用心大切，遇過量人，看來一場敗露！何故？我非貪瞋癡，奚假戒定慧；我心無生死，安用大涅槃；我心非散亂，安用奢摩他；我心本寂滅，未假求禪定。若能當下，發一念金剛不退之心，單去究明本源心戒——舉此一念，得戒已畢！更說他恁麼戒之所犯、戒之所持？一空一切空，一淨一切淨。

汝等聞說諸佛本有心戒，不能斷疑，如盲聾瘖瘂，山僧未免重爲開演，顯露真圓，使汝等得入其源，獲本心戒。昔世尊說四衆所受戒文，各有次第，如比丘戒，謂二百五十條，比丘尼戒五百條（按：三百四十八條），優婆塞、優婆夷各五條，菩薩有大乘十戒，如來有三聚淨戒。然種種所演差殊，實乃如來悲念所流。教謂多種；一念淨心，實非二三。教分頓漸；心無能所。如教云：「心生則種種法生，心滅則種種法滅。」又云：「佛說一切法，度我一切心；我無一切心，何用一切法？」

心、法並空，如大圓鏡。

山僧恁麼切切，非誑汝等，汝等于此，痛發廣大信心，定獲廣大受用。汝等幸聞律外之戒，實非小可！三世諸佛，因此戒而成等正覺，大轉法輪；一切衆生，悟此戒而達本源，脫生死海。戒源功德，神鬼莫量；戒源踪跡，人天莫測；戒源貌相，佛祖難窺。到這裡，十方諸佛、百億菩薩、無量人天，種諸福慧——于此本源淨妙心戒，所有功德，于百千萬億分，未及一分！若恁麼便見得去了知，盧舍那即汝等之本身也。

山僧到此，說戒將畢，未免于諸人分上，通個消息（擊案一下，云）：

陝府鐵牛心膽碎，嘉州石象頂門穿！

會麼？汝等向這裡領會得——不勞舉足，佛祖同源，無持無犯，非戒非心。其或未然，切忌撥無因果！教云：

「五戒不持，人天路絕。」

珍重。

四二 元高峯大師語錄序

明・雲棲袾宏

始予乍閱內典，得經論並古今雜著，共數帙，中有大師語，驚喜信受，如闇逢炬，至於今猶然。蓋自來參究此事，最極精銳，無逾師者，真似純鋼鑄就！一回展讀，一回激發人意氣，俾踴躍淬礪忘倦。雖悟處深玄，不敢以凡臆窺測，而但覺其直截根原，脫落窠臼；近有慈明、妙喜之風，遠不下德山、臨濟諸老。偉哉，堂堂乎，可謂照末法之光明幢也！獨恨大藏未收，坊刻尚尠，快快於胸中者三十年：迺今以其舊本重壽諸梓！

而蓮社行人，有相顧耳語者，謂予旋轉萬流，指歸淨土，奈何復殷勤稱讚是編？意者念阿彌陀佛，不及看「萬法歸一」耶？遂洶洶搖動。嗟乎！但了念佛是誰，不必問一歸何處。茲有人焉：知生我者是父，又自疑身從何來？聞者寧不絕倒！古尊宿云：「如人涉遠，以到爲期，不取途中，强分難易。」諸仁者！方便門多，歸元路一。願勿以狐疑，玩愒歲時。便應往疾趨爲到家計。既到家已，千丈嚴、七寶池，有智主人，一一俱不受。

萬曆二十七年歲次已亥佛歡喜日　雲棲袾宏謹識。

四三 牧牛圖頌（附三序）

序一

明‧雲棲袾宏

《遺教經》云：「譬如牧牛，執杖視之，不令縱逸，犯人苗稼。」則牧牛之說，所自起也。嗣是馬祖問石鞏：「汝在此何務？」答曰：「牧牛。」又問：「牛作麼生牧？」答曰：「一回入草去，驀鼻拽將來。」則善牧之人也。又大溈安公之在溈山也，曰：「吾依溈山住，不學溈山禪，但牧一頭水牯牛。」又白雲端公之於郭功輔也，詰之曰：「牛淳乎？」而若自牧，若教他牧，層見疊出於古今者，益彰彰矣！

後乃有繪之乎圖，始於未牧，終於雙泯，品而列之爲十，其牛則如次，初黑繼白，以至於無，粲如也！而普明復一一係之以頌。普明未詳何許人，圖、頌亦不知出一人之手否?今無論。惟是其爲圖也，象顯而意深;其爲頌也，言近而旨遠，學人持爲左券，因之審德、稽業，俯察其已臻，仰希其所未到。免使得少爲足，以墮於增上慢地，則裨益良多!遂錄而重壽諸梓。外更有尋牛，以至入廛，亦爲圖者十，與今大同小異，并及教中分別進修次第，可比例而知者，俱附末簡，以便參考。

若夫，一超直入之士，無勞鞭挽，而天然露地白牛;不落階級，而刹那能所雙絕，則圖成滯貨，頌成剩語，覽之當發一笑!吾無强焉。

萬曆己酉如來誕日　後學袾宏謹書

序二

明・嚴大參

咄！盡大地是普明一頭牛，何處更有佛與衆生？毫厘不隔，本是如如！若道此牛，有黑、有白、有雄、有雌、有飢、有飽。便是一體、分別成二！世尊初生，指天指地，周行目顧，犯人苗稼不少；祖師西來，直指人心，見性成佛，喫他水草良多！

三玄要、四料簡，五位君臣、九十六圓相，受盡牽制、鞭策；乃至拈椎、豎拂、行棒、行喝、種種機用，皮毛脫落，四足潛蹤，許大一頭牛，不知逃向那裡去了。

到這裡地，重關已破，且道向上，還有事麼？

以拂子打圓相云：

火裡木牛耕白雪，雲中石馬舞春風！

會麼？不會：請看牧牛頌，并諸方次韻語句，畢竟還有優劣也無？

臨濟正宗三十二世　赮轢道人嚴大參謹序

序三

清・信官永來

牛者，識心也；童兒者，照心也；鞭繩者，精進也。以照心而滅識心，時刻加功，勇猛精進，不使識浪奔騰，透出真心，便是本來面目。蓋佛與衆生，本此一個圓明，凡夫因被塵染久，遂迷己性，顛之倒之，遂入于生生死死，無有了期。今得用力之久，豁然開朗以復其初，始知我原與佛同體，樂莫大焉！

試看牛、童、景相，一一皆是功夫上之次第，倘遇上等之人，一悟便了，又何有間隔！如我輩乃中等之人，若不加拂拭之功，得少爲足，依然背覺迷真，根塵莫辦，後有不斷，因果相生，則天堂、人間、地獄，更不知來往幾千萬劫矣！今既知俱受此識妄之害，必須一心策進，頃刻不放絲毫，如階之有級，層層進步，一旦大徹大悟，更從何處覓仙佛耶！

佛弟子永來謹識

頌

附和：清．玉林通琇

普明禪師

未牧第一頌

生獰頭角恣咆哮，奔走溪山路轉遙。
一片黑雲橫谷口，誰知步步犯佳苗。

和

湘之南，潭之北；
頭角分明，東觸西觸。

初調第二頌

我有芒繩驀鼻穿，一回奔競痛加鞭。
從來劣性難調制，猶得山童盡力牽。

和

少獲頭，多捕尾；
月下風前，盛溺掃屎。

受制第三頌

漸調漸伏息奔馳，渡水穿雲步步隨。
手把芒繩無少緩，牧童終日自忘疲。

和

面月白，蹄墨黑；
有索有鉤，忍飢受渴。

迴首第四頌

日久功深始轉頭，顛狂心力漸調柔。
山童未肯全相許，猶把芒繩且繫留。

和

遠邪蹊，趨正道；

步步登高，山長路杳。

馴伏第五頌

綠楊陰下古溪邊，放去收來得自然。
日暮碧雲芳草地，牧童歸去不須牽。

和

戴寒鴉，履芳草；
毛骨馨香，見者道好。

無礙第六頌

露地安眠意自如，不勞鞭策永無拘。
山童穩坐青松下，一曲昇平樂有餘。

和

寒暑安，忙閒得；
故鄉寬廓，任出任入。

任運第七頌

柳岸春波夕照中，淡煙芳草綠茸茸。
飢餐渴飲隨時過，石上山童睡正濃。

和

朝隴畝，暮茅檐；
隨時水草，明月同閒。

相忘第八頌

白牛常在白雲中，人自無心牛亦同。
月透白雲雲影白，白雲明月任西東。

和

刀砍水，珠斷貫；
澹泊寧靜，明志致遠。

獨照第九頌

牛兒無處牧童閒，一片孤雲碧嶂間。
拍手高歌明月下，歸來猶有一重關。

和

失卻牛，撞破壁；
一個閒身，赤灑灑的。

又

牛不見，人獨立；
窮相雙手，赤灑灑的。

雙泯第十頌

人牛不見杳無蹤，明月光寒（或作含）萬象空。
若問其中端的意，野花芳草自叢叢。

和

抛靈符，瞎正目；
函乾蓋坤，火寒雪毒。

四四　悟道歌 并序

明・達觀眞可

古人謂悟道難，予甚不然，特作歌，聊泄微意。

君不見，牛與馬，只愛憨眠不愛打，
草肥水美情更歡，蹄角焦飢難可惹。
水中魚，樹上鳥，一樣飛潛無大小，
慕潭擇木最難瞞，駭弩驚鈎太分曉。
又不見，上達輕軒冕，雲壑松泉苦躭湎，
空谷幽蘭獨自香，終須不逐清風卷。
惟中人，甘縉紳，聲色遊觀意氣新，
瓊林宴罷喝如雷，帶酒歸來燭已陳。
田家苦，田家樂，苦樂浮沈任豐約，
最是西風晚稻香，濁醪肥鴨對斟酌。

南枝鵲，瀚海洋，蘇武當在冷獨嘗，
馬市開來三十年，被虜將軍齒盡黃。
人與物，殊階級，喜則揚聲悲則泣，
莫言人貴物賤微，一念未生皆獨立。
性所變，乃為情，憎愛交加理不清，
須知想念即本智，覓水離冰佛豈成。
臨濟棒，德山喝，馬面牛頭手段辣，
士庶公侯隻眼看，是凡是聖從宰割。
這些子，真妙術，掃卻迷雲懸慧日，
大家都在清光中，盲者依然黑漆漆。
再方便，開覺路，內外推尋心無住，
無住之心物我同，熾然成異因喜怒。
喜怒起，初無性，離卻前塵沒把柄，
智者頓達能所空，迸出軒轅太古鏡，
等閒用處辨妍媸，斷送瞿曇窮性命。

悟道易，難在人，人而果敢冬可春，
孟宗哭竹筍為抽，蛇奴雖鈍亦登真。
滿天下，老和尚，一片舌頭橫贊謗，
一千七百葛藤窩，都將截斷隨風颺。
喫飯穿衣誰不能，死生榮辱奚欣愴，
荒墳見鬼不生疑，便是金毛師子樣。

四五　石門文字禪序

明・達觀眞可

夫自晉、宋、齊、梁，學道者爭以金屑翳眼，而初祖東來，應病投劑，直指人心，不立文字；後之承虛接響、不識藥忌者，遂一切峻其垣，而築文字於禪之外！由是分疆列界，剖判虛空：學禪者不務精義；學文字者不務了心。夫義不精，則心了而不光大；精義而不了心，則文字終不入神。故寶覺欲以無學之學，朝宗百川；而無盡歎民公南海波斯，因風到岸。標榜具存，儀型不遠，嗚呼！可以思矣。

蓋禪如春也，文字則花也。春在於花，全花是春；花在於春，全春是花。而曰禪與文字有二乎哉？故德山、臨濟棒喝交馳，未嘗非文字也；清涼、天台疏經造論，未嘗非禪也。而曰禪與文字有二乎哉！

逮於晚近，更相笑而更相非，嚴於水火矣！宋寂音尊者憂之，因名其所著曰：《文字禪》。夫齊、秦搆難，而按以周天子之命令，遂投戈臥鼓，而順於大化：則文字禪之爲也！蓋此老子向春台擲衆芳，諦知春、花之際，無地寄眼，故橫心所見，橫口所言，門千紅萬紫於三寸枯管之下。於此把住，水泄不通；即於此放行，波瀾浩渺。乃至逗物而吟，逢緣而詠，并入編中，夫何所謂禪與文字者！夫是之謂文字禪；而禪與文字有二乎哉？

噫！此一枝花，自瞿曇拈後，數千餘年擲在糞掃堆頭，而寂音再一拈似！即今流布，疏影撩人，暗香浮鼻，其誰爲破顏者？

明萬曆丁酉八月望日　釋達觀撰

四六　答鄭崑巖中丞

明・憨山德清

若論此段大事因緣，雖是人人本具，各各現成，不欠毫髮，爭奈無始劫來，愛根種子，妄想情慮，習染深厚，障蔽妙明，不得爭實受用。一向只在身心世界妄想影子裡作活計，所以流浪生死。佛祖出世，千言萬語，種種方便，説禪説教，無非隨順機宜，破執之具，元無實法與人。

所言修者，只是隨順自心，淨除妄想習氣影子，於此用力，故謂之修。若一念妄想頓歇，徹見自心，本來圓滿光明廣大，清淨本然，了無一物，名之曰悟。非除此心之外，別有可修可悟者。以心體如鏡，妄想攀緣影子，乃真心之塵垢耳。故曰：「想相爲塵，識情爲垢。」若妄念消融，本體自現。譬如磨鏡，垢淨明現。法爾如此。

但吾人積劫習染堅固，我愛根深難拔，今生幸托本具般若內薰爲因，外藉善知識引發爲緣，自知本有，發心趣向，志願了脫生死，要把無量劫來生死根株，一時頓拔，豈是細事！若非大力量人，赤身擔荷，單刀直入者，誠難之難！古人道：「如一人與萬人敵。」非虛語也。大約末法修行人多，得真實受用者少，費力者多，得力者少。此何以故？蓋因不得直捷下手處，只在從前聞見知解言語上，以識情摶量，遏捺妄想，光影門頭作工夫。先將古人玄言妙語，蘊在胸中，當作實法，把作自己知見。殊不知，此中一點用不著，此正謂依他作解，塞自悟門！

如今做工夫，先要剗去知解，的的只在一念上做，諦信自心，本來乾乾淨淨，寸絲不掛，圓圓明明，充滿法界，本無身心世界，亦無妄想情慮，即此一念，本自無生，現前種種境界，都是幻妄不實，唯是真心中所現影子。如此勘破，就於妄念起滅處，一覷覷定，看他起向何處起，滅向何處滅，如此著力一拶，任他何等妄念，一拶粉碎，當下冰消瓦解！切不可隨他流轉，亦不可相續，永嘉謂要斷相續心者此也。蓋虛妄浮心，本無根緒，切不可當作實事。橫在胸中，起時便咄，一咄便消。切不可遏捺，則隨他使作，如水上葫蘆！只要把身心世界撇向一邊，單單的的提此一念，如橫空寶劍，任他是佛是魔，一齊斬絕，如斬亂絲，赤力力挨拶將去。所謂直心正念真如，正念者，無念也。能觀無念，可謂向佛智矣！

修行最初發心，要諦信唯心法門。佛說三界唯心，萬法唯識。多少佛法，只是解說得此八個字，分明使人人信得及。大段聖凡二途，只是唯自心中迷悟兩路。一切善惡因果，除此心外，無片事可得。蓋吾人妙性天然，本不屬悟，又何可迷！如今說迷，只是不了自心本無一物，不達身心世界本空，被他障礙，故說爲迷。一向專以妄想生滅心，當以爲真，故於六塵境緣，種種幻化，認以爲實。如今發心趣向，乃返流向上一著，全要將從前知解，盡情脫去，一點知見、巧法用不著。只是將自己現前身心世界，一眼看透，全是自心中所現浮光幻影，如鏡中像，如水中月。觀一切音聲，如風過樹，觀一切境界，似雲浮空，都是變幻不實的事。不獨從外如此，即自心妄想情慮，一切愛根種子，習氣煩惱，都是虛浮幻化不實的。如此深觀，凡一念起，決定就要勘他個下落，切不可輕易放過，亦不可被他瞞昧。如此做工夫，稍近真切，除此之外，別扯玄妙知見巧法來逗凑，全沒交涉！

就是說做工夫，也是不得已！譬如用兵，兵者不祥之器，不得已而用之！古人說參禪提話頭，都是不得已。公案雖多，唯獨念佛審實的話頭，塵勞中極易得力。雖是易得力，不過如敲門瓦子一般，終是要抛卻，只是少不得用一番。如今用此做工夫，須要信得及，靠得定，咬得住。決不可猶豫，不得今日如此，明日又如彼，又恐不得悟，又嫌不玄妙，這些思算，都是障礙，先要說破，臨時不生疑慮。

至若工夫做得力處，外境不入，唯有心內煩惱，無狀橫起。或慾念橫發，或心生煩悶，或起種種障礙，以致心疲力倦，無可奈何。此乃八識中，含藏無量劫來習氣種子，今日被工夫逼急，都現出來。此處最要分曉，先要識得破、透得過。決不可被他籠罩，決不可隨他調弄，決不可當作實事。但只抖擻精神，奮發勇猛，提起本參話頭，就在此等念頭起處，一直捱追將去。我這裡元無此事，問渠向何處來？畢竟是甚麼？決定要見個下落。如此一拶將去，只教神鬼皆泣，滅跡潛蹤，務要趕盡殺絕，不留寸絲。如此著力，自然得見好消息，若一念拶得破，則一切妄念，一時脫謝，如空華影落，陽燄波澄，過此一番，便得無量輕安，無量自在。此乃初心得力處，不爲玄妙。及乎輕安自在，又不可生歡喜心，若生歡喜心，則歡喜魔附心，又多一種障矣。

至若藏識中，習氣愛根種子，堅固深潛，話頭用力不得處，觀心照不及處，自己下手不得，須禮佛、誦經、懺悔，又要密持咒心，仗佛密印以消除之。以諸密咒，皆佛之金剛心印，吾人用之，如執金剛寶杵，摧碎一切物，物遇如微塵。從上佛祖心印祕訣，皆不出此。故曰：「十方如來持此咒心，得成無上正等正覺。」然佛則明言，祖師門下恐落常情，故祕而不言，非不用也。此須日有定課，久久純熟，得力甚多，但不可希求神應耳。

又

凡修行人，有先悟後修者，有先修後悟者。然悟有解、證之不同。若依佛祖言教明心者，解悟也！多落知見，於一切境緣，多不得力。以心、境角立，不得混融，觸途成滯，多作障礙。此名相似般若，非真參也。

若證悟者，從自己心中樸實做將去，逼拶到水窮山盡處，忽然一念頓歇，徹了自心。如十字街頭，見親爺一般，更無可疑。如人飲水，冷暖自知，亦不能吐露向人。此乃真參實悟。然後即以悟處，融會心境，淨除現業流識，妄想情慮，皆鎔成一味真心。此證悟也。

此之證悟，亦有深淺不同。若從根本上做工夫，打破八識窠臼，頓翻無明窟穴，一超直入，更無剩法，此乃上上利根，所證者深。其餘漸修，所證者淺。最怕得少爲足，切忌墮在光影門頭！何者？以八識根本未破，縱有作爲，皆是識神邊事。若以此爲真，大似認賊爲子，古人云：「學道之人不識真，只爲從前認識神，無量劫來生死本，癡人認作本來人。」於此一關最要透過。

所言頓悟漸修者，乃先悟已徹，但有習氣，未能頓盡，就於一切境緣上，以所悟之理，起觀照之力，歷境驗心，融得一分境界，證得一分法身；消得一分妄想，顯得一分本智。是又全在綿密工夫，於境界上做出，更為得力。

又

凡利根、信心勇猛的人修行，肯做工夫，事障易除，理障難遣，此中病痛，略舉一二：

第一，不得貪求玄妙。以此事本來平平貼貼，實實落落，一味平常，更無玄妙。所以古人道：「悟了還同未悟時，依然只是舊時人，不是舊時行履處。」更無玄妙，工夫若到，自然平實。蓋由吾人知解習氣未淨，內熏般若，般若為習氣所熏，起諸幻化，多生巧見，綿著其心，將謂玄妙，深入不捨。此正識神影明，分別妄見之根，亦名見刺。比前麁浮妄想不同，斯乃微細流注生滅，亦名智障。正是礙正知見者。若人認以為真，則起種種狂見，最在所忌。

其次，不得將心待悟。以吾人妙圓真心，本來絕待，向因妄想凝結，心境根塵，對待角立，故起惑、造業。今修行人，但只一念放下身心世界，單單提此一念向前，切莫管他悟與不悟，只管念念步步做將去。若工夫到處，自然得見本來面目，何須早計。若將心待悟，即此待心，便是生死根株，待至窮劫，亦不能悟。以不了絕待真心，將謂別有故耳。若待心不除，易生疲厭，多成退墮。譬如尋物不見，便起休歇想耳。

其次，不得希求妙果。蓋衆生生死妄心，元是如來果體。今在迷中，將諸佛神通妙用，變作妄想情慮、分別知見，將真淨法身，變作生死業質，將清淨妙土，變作六塵境界。如今做工夫，若一念頓悟自心，則如大冶紅爐，陶鎔萬象，即此身心世界，元是如來果體；即此妄想情慮，元是神通妙用，換名不換體也。永嘉云：「無明實性即佛性，幻化空身即法身。」若能悟此法門，則取捨情忘，欣厭心歇，步步華藏淨土，心心彌勒下生。若安心先求妙果，即希求之心，便是生死根本。礙正知見，轉求轉遠，求之力疲，則生厭倦矣！

其次，不可自生疑慮。凡做工夫，一向放下身心，屏絕見聞知覺，脫去故步，望前眇冥，無安身立命處，進無新證，退失故居，若前後籌慮，則生疑心，起無量思算，較計得失，或別生臆見，動發邪思，礙正知見，此須勘破，則決定直入，無復顧慮。大概工夫做到做不得，正是得力處，更加精采，則不退屈。不然，則墮憂愁魔矣。

其次，不得生恐怖心。謂工夫念力急切，逼拶妄想，一念頓歇，忽然身心脫空，便見大地無寸土，深至無極，則生大恐怖。於此若不勘破，則不敢向前，或以此豁達空，當作勝妙。若認此空，則起大邪見，撥無因果，此中最險。

其次，決定信自心是佛，然佛無別佛，唯心即是。以佛真法身，猶若虛空，若達妄元虛，則本有法身自現，光明寂照，圓滿周遍，無欠無餘。更莫將心向外馳求；若捨此心別求，則心中變起種種無量夢想境界，此正識神變現，切不可作奇特想也。然吾清淨心中，本無一物，更無一念，凡起心動念，即乖法體。今之做工夫人，總不知自心妄想，元是虛妄，將此妄想，誤爲真實，專只與作對頭，如小兒戲燈影相似，轉戲轉沒交涉，弄久則自生怕怖。又有一等怕妄想的，恨不得一把捉了，拋向一邊，此如捕風捉影，終日與之打交滾，費盡力氣，再無一念休歇時，纏綿日久，信心日疲，只說參禪無靈驗，便生毀謗之心，或生怕怖之心，或生退墮之心。此乃初心之通病也。此無他，蓋由不達常住真心不生滅性，只將妄想認實法耳。這裡切須透過，若要透得此關，自有向上一路，只須離心意識參，離妄想境界求。但有一念起處，不管是善是惡，當下撇過，切莫與之作對。諦信自心中，本無此事，但將本參話頭，著力提起，如金剛寶劍，魔佛皆揮，此處最要大勇猛力、大精進力、大忍力，決不得思前算後，決不得怯弱，但得直心正念，挺身向前，自然巍巍堂堂，不被此等妄想纏繞，如脫鞲之鷹，二六時中，於一切境緣，自然不干絆，自然得大輕安，得大自在。此乃初心第一步工夫得力處也。

已上數則，大似畫蛇添足，乃一期方便語耳。本非究竟，亦非實法，蓋在路途邊，出門一步，恐落差別岐徑，枉費心力，虛喪光陰。必須要真正一門，超出妙莊嚴路。所謂行步平正，其疾如風，其所行履，可以日劫相倍矣。要之，佛祖向上一路，不涉途程；其在初心方便，也須從這裡透過始得。

四七　六祖識智頌解

明・憨山德清

大圓鏡智性清淨。（解云：教中說轉識成智；六祖所說識本是智，更不須轉！只是悟得八識自性清淨，當體便是大圓鏡智矣！）

平等性智心無病。（解略）

妙觀察智見非功。（解略）

成所作智同圓鏡。（解略）

若於轉處不留情，繁興永處那伽定。（解云：此結前轉而不轉之義也。所言轉識成智者，無別妙術：但於日用念念流轉處，若留情念繫著，即智成識；若念念轉處，心無繫著，不結情根，即識成智！則一切時中，常居那伽大定矣！豈是翻轉之轉耶。觀六祖此偈，發揮識智之妙，如傾甘露於焦渴喉中。如此深觀，有何相宗不是參禪向上一路耶！）

四八　示學人心病說

明・吹萬廣眞

參禪人若有我執不除，譬如腹藏暗疾，忽遇發時，爲害不淺。教乘謂見惑八十八使，思惑八十一品，及作、止、任、滅、證悟、了覺，皆不離我相。此特界內、界外細中之細之執也，且勿言之，姑以日用二六時中麁相，略爲顯示。

如清晨報鐘一鳴，大衆下單執事，此古規也。或乃念云：「正好睡著，又被催迫甚麼？」此我欲睡眠也。

起身穿衣，遇寒即念：「單布凍我，何可得綿？」遇熱即念：「綿衣累我，何可得葛？」此我愛溫暖、清涼也。

板響洗面，又念：「同衆則濁，各洗則淨。」此我愛潔淨也。

煎水未至，則論：「茶頭不矩。」此我愛厚己責人也。

上殿禮佛，或念：「當前不前，而在後逼我；當後不後，而在前障我；幼小不宜左右，而左右擾我。」此我愛檢點也。

佛聲或有高低不齊，則耳根返爲不淨。此我愛分別也。

入僧堂粥，又念：「是粥乾耶？是粥稀也？是鹹菜耶？是淡菜耶？」此我愛調和也。

經行後，二板茶湯，又念：「是茶陳也？是茶新也？淡乎？釅乎？」此我愛養情也。

止靜，上連牀：眼入黑水按葫蘆，耳向簾外作應捕，鼻孔遭觸忤，舌嚙牛呞病，意在四大打野⿱梩土，（原作「打野堆」，即成堆打閧）身根放死不得死，放活不得活。此是見有坐禪，不能人、法無我矣。

開靜後，或小食，或中飯，念頭又在三德六味上鑽研。此又成貪戀美食之我矣。

遇普請出坡：消遣興也！又念：「正好自在，卻又造作。」此我不隨順游戲也。

善知識或行、或坐，當宜請益，又念：「欲問語，恐不中和尚意；欲答語，恐不超衆人見。不超不中，未免耳紅面熱。」此病陷于困井，不能萃而升之也。

——從上諸病，皆是老僧一一害過底，都緣只爲有身，只爲有我。《論語》云：

「毋意、毋必、毋固、毋我。」老子云：「吾有大患，爲吾有身，苟如無身，吾有何患。」莊子云：「吾喪我。」瞿曇云：「無我相、人相、衆生相、壽者相。」此古人治我法也。我病已害矣，然則知子莫若父：你輩有麼？有麼？若有，請以古人數句曉語醒之。此又是老僧嘗過之藥耳！

雞鳴當早起，披衣徐下牀，兩手捧香花，供養佛法僧。此可消貪睡之我矣。

窮釋子，口稱貧，實是身貧道不貧。窮則尋常披縷褐，道則身藏無價珍。此可消貪衣之我矣。

四大無主復如水，遇曲逢直無彼此，淨穢兩處不生心，壅決何曾有二義。此可消執淨之我矣。

師誦此經經一字，字字爛嚼醍醐味，醍醐之味珍且美。不在唇，不在齒，只在勞生方寸裡。此可當清晨一甌蜜湯矣。

能禮所禮性空寂，感應道交難思議，我此道場如帝珠，諸佛菩薩影現中。入此，可無檢點之我矣。

同行同坐又同臥，水石江山穿透過，無面無唇無舌頭，巴歌、雪曲隨他和。此可消入衆分別之我矣。

矣。

學道不通理，復身還信施，長者八十一，此樹不生耳。悟此，則消我愛調和矣。

清風習習徒爾言，趙州言下太無端，一口和甌百咂碎，方知此話不周全。體此，可無養情之病矣。

飲食于人，日用長精粗，隨分塞飢瘡，嚼下三寸成何事，不用將心細較量。此可消舌根之愛矣。

處處逢歸路，頭頭是故鄉，本來現成事，何必待思量。此得普請遊戲之妙矣。

當知：衆生心內佛，爲佛心中衆生說法；佛心中衆生，聽衆生心內佛說法。又當知：衆生心內佛無法說，佛心中衆生無法聽。悟此，可得問答無礙矣。

復有三個神效方兒，不妨以禦不虞：

外息諸緣，內心無端，心如牆壁，可以入道。此單治坐禪方子也。

任性逍遙，隨緣放曠，但盡凡心，莫存聖解。此單治十二時中執礙也。

懸崖撒手，自肯承當，絕後再甦，欺君不得。此單治大事不明也。

若能透過此葛藤，自然頭頭上顯，物物上露，入水不溺，入火不焚。奚獨消其前病，即見、思諸使，共我無生矣。絕學無爲閒道人，豈虛稱也哉！

四九 五宗斷

明・鐵壁慧機

用臨濟而不通曹洞，則類野狐；用曹洞而不通臨濟，則落教網。是必濟、洞兼通，則雲門、潙仰、法眼在其中矣。

五〇　示臨終

明・摞寧智靜

寄示剖初居士臨終語：（剖初居士法名德任，侍師有年，諸弟子輩，惟士事師最謹，士因病篤，特至辭師而去，師因愍其終始不忽，隨書寄示之。）

法道離離，而吾徒愈老愈堅，惜今已經不起之疾。幸晚年得聞斯法，不為虛度矣！

但今放身命時，須觀此身，從頭至足，皆不屬我，而我此性亦不屬生死流轉，不隨情愛所拘，不屬修證，不屬古今，全體自在，一切如幻；回頭直下一覷，返看是個甚麼？無有一法敢當于前，赤灑灑，活潑潑，十方坐斷，一念無為。即此是涅槃心，如來藏，更莫別尋頭腦！十法界中總屬情愛變現，離卻心意識，則全體金剛三昧王，遠離怖畏，謂之安隱幢。保任！保任！切須著眼。

五一 燮雲濟璣禪師語錄序

清・張有譽

始覺合本之謂佛，明佛心宗之謂祖。五印土不聞有禪師名也！震旦慧可傳達磨正印，唐朝追贈爲大祖禪師。嗣後或錫號帝庭，或受記密室，禪師之名始著。至黃蘗時，匡徒領衆者星列，而蘗之示衆，乃曰：「大唐國裡無禪師。」蓋禪師之名，未易稱若斯也！

明興三百年，禪宗不絕如線；至天童（密雲圓悟），而臨濟一燈載振；至萬峯（漢月法藏），而黃蘗宗旨重興；至國清和尚（退翁弘儲），而天童、萬峯之道始集其成，大行吳越間。座元燮（音謝，和也）雲璣公，密受印記，閉關國清無畏堂中，終其身未嘗出世。入寂之日，天下無論識與不識，靡不咨嗟嘆息。聞其遺行曰：此服糞掃、躬頭陀之飲光（大迦葉）也。見其遺言曰：此悟玄旨、支臨濟之風穴（風穴延沼）也。翕（合也）然稱之曰：璣禪師！無異詞云。

予不及見師；然從和尚遊最久，得聞師生平甚悉。師根性初不甚利，然心虛志篤，於古人一語過不去處，忘寢食恆數月，必徹盡底蘊乃止。侍萬峯老人三年，有省，記之曰：「可以出世；不妨忘世。」後依和尚祥符、台山間，凡十四年；深入閫奧，自謂無一言一字，不自和尚爐韛中來。末後眼明機迅，遂與和尚箭鋒相拄，所謂：「得汝説須是吾舉；得汝舉須是吾説。」佛祖祕要，無逃掌握者。

雖靜處一室中，無刻不以尊師、爲衆爲念。每聞鐘鼓聲，知和尚登座説法，亟焚香、搭衣、禮拜、拱立，俟衆散始敢就坐。事關叢林大體，必熟思審處，預白和尚曰：法應如是。和尚一舉動、一語言，於自心有未合者，必婉言相質曰：應如是否？所言皆遠合古轍，近赴來機。以是事無小大，和尚必就關相商，多所補益。嘗上書云：「古人平生如大火聚，後世尚有流入詩文者；除直提向上外，筆舌似宜潛神。」而養懶和尚，深然其言，特爲上堂，風勵學者。

其視大衆疴癢，如在己身，必爲悉心區畫！聞人過，蹵然（不安貌，蹵音促）不寧，曉夜思維，以盡忠告。有未喻者，必曰：「此吾誠未至也！誠至者，金石爲之開，況人乎？」或勸以出世爲人，則曰：「有志未逮。願陶鎔氣質，保固根本，光大心志，世世承事善知識，陸沈衆中足矣。」

戊子八月示疾，請和尚入關，禮辭偈，別有明日欲歸之語，且問：「古有子夜入寂者否」？和尚曰：「不見世尊中夜泊然乎。」因次第請同參訣別，各贈以偈。翼（通翌）日爲十七日，神氣湛定如常，中夜吉祥而逝。

嗟！嗟！如師可謂行解相應，去來自在者矣。藉令擔荷大法，興起羣英，慈明、楊岐何難再見！乃韜光一室，名可聞而面不可見，令諸方徒深歎仰，悲夫！嘗見末法禪流，離師太早，爲人太急，徒作一場逗漏，末路收拾不來！師既大徹，猶溫研積稔（積稔：經久也），遠追雲門；啐啄同時（喻機緣相投，無間隙），上符潙、仰。可使天下後世，聞風興起！有真宗，無濫宗，有絕學，無淺學，雖以師百世可也；豈必到處聚一千、五百衆，兒孫遍地，然後可追古德哉！

和尚梓其遺編，公之千古，有目共見，無俟予言。特摭師生平大略，列之編首。俾世知師之法今、傳後，與古人並稱，蓋不僅在玆編也。

法弟江上張有譽謹題

五二　向上

清・三山燈來

一

師上堂，彈指一下：「佛法只是尋常！若作奇特商量，錯過了也！」

二

茶話，師云：「老僧性多懶僻，自從輥入這水牯牛隊中，十七年來，拖泥帶水，只想向秀水江頭一番洗濯，誰知水中著水，泥上添泥，何時洗濯得淨！祇如今夜，且教如何說話，以應其請？」

師以手指燭云：

「只這個！輝煌滿室，晃耀一堂，照見諸人——各各頂顙朝天，腳眼踏地，眉橫鼻直，形正影端，更無些子覆藏得著！若把這點靈光薦得分曉，豈不佛法現成！這些且置，今日陞座事繁，且待老僧向藤牀布帳裡，一覺鼾齁，明朝起來，另與諸公通個消息。久坐，謝茶。」

三

師問一僧：「汝還疑麼？」僧云：「焉能不疑？」師云：「明日十六那？」僧云：「十六。」師云：「有甚疑處！」

四

冉西庚持扇請偈：

偏自知寒知熱，是誰能放能收，
把柄非關掌握，清風不自扇頭。

五

〈向上偈〉：

飢來吃飯困來眠，山路乘馬水路船，
眼睛一雙耳兩片，鼻頭朝下髮朝天。

五三　參禪要語（清世祖請）

清・弘覺道忞

此事如天普蓋，似地普擎，翕（合也）也纖塵不立，張也橫亙十方，爍迦（即爍迦羅眼，金剛眼之謂）明辨無由，佛祖侵欺不得。一切平等，浩然大均，說智說愚不得，說迷說悟不得，說理說事不得，說如說異不得。所以道：「靈光獨耀，逈脫根塵，體露真常，不拘文字，心性無染，本自圓成，但離妄緣，即如如佛。」于此見得，不用回頭轉腦！罕遇奇逢，最省心力。

倘或承當不下，便須著意參究！但不可以有心求，不可以無心得，非語言所造，非寂滅可通，非思慮能知，非見聞可覓。然則，要且如何趨向？如何著力？

第一、先須發決定信。信者，信得當人有此一大事因緣，可以了脫生死，可以超凡越聖，可以入塵勞而不被塵勞所拘，可以住境緣而不被境緣所縛。一信永信，決定無移。具此信力，方可于一切處參，一切時究。畢竟參究個甚麼？

日昨，皇上問：「向上一路，千聖不傳；如何是不傳底事？」忞良久問上云：

「陛下會麼？」上云：「不會。」丞云：「祇這不會底畢竟是個甚麼？是何面目？是何體段？但恁麼回光返照，痛自鞭逼，刻刻提撕，念念省察，日久歲深，自有相應時節。」

然皇上日應萬機，不能謝絕諸緣，但事來則應，事過即休。除軍國大事外，凡緣務可省者即省之，切不可一曝十寒，不可思前算後，不可厭喧求靜，不可除妄覓真。

于中，或暫得輕安，或昏沈攪擾，或聖境現前，或倦勞思逸——生一念退舍不得，著一毫顧戀不得，著一念歡喜不得，著一念護惜不得。纔有所著，便成窠臼！直須如王秉劍，壁立千仞，魔外精靈，一時俱斬！或有時目前虛豁豁地，不見有身，不見有心，不見有山河大地，切忌此處歇腳，快須躡步向前，不覺不知築著磕著，如忘忽記，如暗得燈，如平地得寶，如遠出歸家，洞見本地風光，百匝千重頭頭顯露，色空明暗，法法全彰。方知本性圓明，本來清淨，本自具足，本自現成，本無迷悟，本無得失。

然或，悟境不忘，謂之見地不脫。此病猶深！直須教平平帖帖，放曠自如，飢餐渴飲，不資餘力，將前所知所證，拋在糞掃堆頭，依然只是舊時人，不改舊時行履處。自此安邦定國，海晏河清，端拱無爲，垂衣而治，方名了事丈夫也。

五四 普說

清・千山函可

佛門不是躲身之處！既入佛們，便當作佛。於今出家人，不特不知如何作佛，而竟不信佛之當作！徒然衣現成、食現成，君王當事而不事，父母當養而不養。且毋論妄行非法：便能安分，已是虛生浪死！又焉怪世儒之輕詆我佛門耶？

山僧爲儒時，雖不敢詆，亦嘗易視之，以爲是藏愚守拙之地。後來遇我和尚，睜開眼孔，方知道世間，更無有第二條路！萬不得已，將世間極難捨者捨之，極難行者行之，拚此身命，求個著落。常不輕菩薩道：「不敢輕慢汝等，汝等皆當作佛。」假便盡大地，有一個不當作佛，他也不肯受人呵責，受人打擲，苦苦要說這話。只因他實實見得，除卻作佛，別無可作爲。上底不能作佛，必無以使下；爲下底不能作佛，必無以事上；父必能作佛，而後慈；子必能作佛，而後孝；兄必能作佛，而後友；弟必能作佛，而後恭；夫婦必能作佛，而後可以處室；朋友必能作佛，而後可以成交。必能作佛，方成個人，若是個人，必能作佛。盡大地，直無有一人不承佛底恩力！無奈他迷而不悟，《易經》所謂：「百姓日用而不知也。」假使世間除卻作佛，更別有可作，山僧又何必捨難捨、行難行，決定向此門中，拚身拚命耶！

於今出家兒，現在佛門，現稱佛子，止信有佛，不信作佛：欲求世人盡信皆當作佛，不亦難乎？山僧初到這邊，向人提起作佛兩字，無不大驚小怪！縱有知佛是當作，作佛是佛說，不是山僧僞說，然而不敢決定者：果爾作得便好，萬一作得不尷不尬，被人擔著要索頂後圓光，不特作佛不成，反被他人恥笑！不免慮得慮失，所以屢進屢退。

我爲汝設個喻子，譬如人家生個孩子，決定與他乳喫，難道怕人恥笑道：這個才出胞胎底孩子，知他後來長得成長不成？便索性不與他乳喫不成？又如學堂裡學生，決定教他讀書，難道怕人恥笑道：這幾個學生，知他後來中得中不得？便索性不教他不成？何況孩子實有成不得人底、讀書實有中不得底。若是作佛，千個成，萬個作萬個成。佛言：「吾爲汝保任此事，決不虛也。」又言：「聚心一處，無事不辦。」

若一心作佛，又一心怕作不成，又怕人恥笑，衆念交攻，所以成魔、成病！汝但放心去作，更不愁作不成。縱饒一生不成，來生出頭也少你底不得，金剛種子遇便發生，百劫千生，永無壞爛。倘或怕人恥笑，似作不作，則毋論後來，没有成日！便是從前曾下種子，可惜一旦抛撒！諸兄弟！作賊、作龜子，怕人恥笑，爲甚作佛，也怕人恥笑？若不作佛，更有何作？便拚是作佛不成，也勝吹竹筒、抱酒壺，百千萬倍——胡爲不恥彼，而恥此？

兩年以來，信心頗熟，不論僧俗、老少，咸知趨向。然而入門來，一日兩日便求速效；卻似今日作了佛，明日好回去料理家務一般！世間百工技藝，也無有一日二日學得底，何況作佛最尊最大一件事！譬如種稻，最易見功，也須春耕、夏耘，而後秋收有望。寧有今日下種，明日收割之理？古來一聞千悟，信其有人；然而《傳燈》所載：三登投子，九上洞山，與夫坐破七個蒲團者，皆是極顯赫底宗師，寧渠根器皆不如今人？而今人反出古人之上？

良繇古人，參是實參，悟是實悟，個個都是真實作佛漢，所以不避艱苦，必期親證、親到。而今人不貴裡面真實，只貴外面光彩。作得作不得且寬一著，但學些子作佛言句，好向人前賣弄：我會禪，我會道，我是作佛底。不見古人道：「但會作佛，不愁佛不解語。」你果真實作得佛，便一句佛語不會說，也自不妨；若只愛會說，莫道趠些子現成語句，便令一口氣，說出三藏十二部，又將一千七百則公案，從頭舉了、會了，與汝自己有甚干涉？

古人得意之後，閉口深藏舌，二六時中，只守閑閑地，佛之一字尚不可得，又那有許多甚麼禪？甚麼道？及其應機接物，信手向自己寶藏中，拈出些子，自然活卓卓地，不費纖毫氣力！不是學得來底，不是思量湊泊來底。巖頭道：「一一從自己胸襟流出，方與蓋天蓋地。」於今最可笑，一等禪流，但向六根門頭，認著些子影響，便道：我已得根本智，只欠差別智。便一味學他古人機鋒、轉語：逢著人，或咄，或喝，或揚眉努目，或擎拳豎指，或東一句西一句，不管三七二十一，如病狂相似——以是爲無滯無礙，以是爲古人妙用，遞相傳授，遞相模倣，將謂作佛只如此！殊可憐憫！

你看達磨，昔日在少林面壁九年，後因神光斷臂，要求安心，達磨只向道：「將心來，與汝安。」神光道：「覓心了不可得。」達磨道：「與汝安心竟。」何曾有一點做作？何曾費一點周摺？六代單傳，至曹溪祖師，示人皆直捷簡要，青原、南嶽而後，方才各立門庭，才有機鋒、轉語，然猶是極直捷、極簡要，非如今人之胡亂撒矢、撒尿。

不見馬祖問南嶽道：「非色相云何能見？」嶽云：「心地法眼，能見乎道。」又問：「有成壞否？」嶽云：「若以成壞聚散而見道者，非見道也。」

又不見石頭參青原，原問：「子何方來？」頭云：「曹溪。」原云：「將得甚麼來？」頭云:「未到曹溪亦不失。」原云：「若爾，用去曹溪作麼？」頭云：「若不到曹溪，爭知不失！」頭又問：「曹溪大師還識和尚否？」原云：「汝今識老僧否？」頭云：「識又爭能識得。」

又不見僧問石頭：「如何是解脫？」頭云：「誰縛汝。」問：「如何是淨土？」頭云：「誰垢汝。」問：「如何是涅槃？」頭云：「誰將生死與汝。」

又不見法常問馬祖：「如何是佛？」祖云：「即心是佛。」常便走住大梅，祖令人探云：「和尚見馬大師，得個甚麼，便住此山？」常云：「馬祖向我道即心即佛，我便向這裡住。」僧云：「馬祖近日又道非心非佛。」常云：「這老漢惑亂人，未有了日！任他非心非佛，我衹管即心即佛。」

又不見五洩初謁石頭，便問：「一言相契即住，不契即去。」頭據坐，洩便行，頭隨後召云：「闍黎！」洩回首，頭云：「從生至死，只是這個，回頭轉腦作麼？」

又不見大珠參馬祖，祖問：「來此擬須何事？」珠云：「來求佛法。」祖云：「我這裡一物也無，求甚麼佛法？自家寶藏不顧，拋家散走作麼？」珠云：「阿那個是學人寶藏？」祖云：「即今問我者，是汝寶藏！一切具足，更無欠少。」

又不見藥山一日在石上坐，石頭問曰：「汝在這裡作麼？」山云：「一物也不爲。」頭曰：「恁麼即閒坐也？」山云：「若閒坐即爲也。」頭云：「汝道不爲，不爲個甚麼？」山云：「千聖亦不識！」

——山僧似恁麼舉，直舉到來年，也舉不了。大都從上來，真實見得底，自有真實作用，總不假借甚麼奇言妙語，不過就他來處，直下指出，或輕輕撥轉，那學人真實見得底，便直下承當，或就機翻身。又何曾別有一點做作？又何曾別費一點周摺？

至如大愚之爲雲峯悅，大慧之爲謙禪，更不須一言半句，便知他千了百當。總之，到真實田地，有言句也真實，無言句也真實。乃至下咄、下喝也真實，不下咄、不下喝也真實；揚眉、努目也真實，不楊眉、努目也真實；擎拳、豎指也真實，不擎拳、豎指也真實。斷斷不似於今人，一味胡作亂作！直是善因，而成惡果。

諸兄弟！貴實不貴虛，汝既到這裡，俱是夙世善緣！汝但辦一片決定心、長久心，切不得怕人恥笑，不得要求速效，一切時中，提起本參，真實參將去。汝但得一分力，山僧便識得一分，但得兩分力，山僧便識得兩分。切莫得少為足，不肯前進，作個半截底人：何況半截尚不得！只管要求印證；若印證了爾，不特誤爾一生，直誤了爾千生百劫，不得出頭，不是小兒戲！

諸兄弟！你若到真實透頂底田地，便沒有一人印證，亦自何妨！若未到這田地，必求到這田地，決不得捨此，別求捷徑。縱饒爾一生念佛，真得往生，親見彌陀，也只是教你向這一路，更無別路。若使盡大地尚有一路，可以便宜作佛，山僧自不肯拚捨身命，專向個裡求個著落，而又何苦區區勸爾諸兄弟耶？諸兄弟只恁作去，不愁不成。久立，珍重。

五五　祖燈大統序

清・祁熊佳

今夫日月星辰，統乎天者也；區分日月，割裂星辰，以各私其天，非狂則瞽矣。山嶽江河，統乎地者也；畛別山嶽，限截江河，以自外於地，非愚則闇矣。然日月之所以明，星辰之所以麗，山嶽之所以峙，江河之所以流，萬象羣物莫不出沒變化於其中——而日月、星辰、山嶽、江河不敢自有其功名，而悉以歸之天地者，大一統之所自出也！吾祖燈之歸於一統，亦若是已矣。

自達磨梯航，傳法茲土，不立文字，宗亦強名！一代止嗣一人，以明道法之不二；非謂一人之外，別無悟道之人、與行道之人也！六祖以下，始有青原、南嶽並嗣；青原、南嶽之後，又分爲五宗；而五燈之錄，遂與佛法相終始矣。然，此外遯迹韜光，不在五燈之列，而悟道、行道之人，不可勝數也。故自五宗歷傳，凡各出手眼者，何難自創爲宗，而卒不敢亂統者，以明嗣法之有自也。約之，則總歸於南嶽、青原；又約之，則總歸於達磨始祖；又約之，則道無可道，法無可法——即達磨始祖亦爲道法所寄焉耳矣！又焉有彼此之殊、支庶之異乎？自人私我見、横界畛域，猶之太虛之內妄分五色，不自咎其目眚空華，而欲以點染太虛：識者譏之矣！

白巖位中大師，慨然以道法爲己任。自得法於斷拂老人之後，密行闇修三十餘年，人莫能窺其蘊，且學窮龍樹，眼透摩醯；一則憫法統之淆訛，繇於我見未除，一則悲燈錄之失傳，因於搜羅無據。故自《景德傳燈》、《廣》、《續》、《聯》、《普》、《會元》諸書，又自元至今、曰《續》、曰《增集》，曰《續略》，曰《補》、曰《繼》、曰《纘續》，所見異詞，所聞異詞，所傳異詞，莫不稽核考辨，歸於至當。而定名曰：《祖燈大統》，示大道爲公之志，不敢紊、不敢私也。

然吾更有説焉：昔孔子作春秋，二百四十二年之事，皆考列國之信史，而夏五己丑紀子伯、莒子盟於密之類，已不能無闕疑。今始祖至今，已五倍於春秋之年，而《景德傳燈》諸書，又不敵當時列國之信史。則其爲闕疑者，可勝道哉？大師曰：「吾以事考之，以理斷之而已。詳其地理，稽其山川，譜其年月，考其行履，推其得法之繇，核其行道之實——則春秋所謂耳治、目治者，已過半矣。然後以大公之心，明道法之統，慎以成之，恕以廣之，無負吾始祖傳法之本意云爾。」

佳不敏，與大師爲法門骨肉；且三十年大師之苦心巨識以成是書，佳知之最深。昔紫柏老人，以《景德傳燈》未續，爲法門一大憾，今集《祖燈大統》，而從前《景德》諸書可彙於一。既免魯魚之謬文，又化町畦之淺見。以嘉惠來茲，豈渺小哉。茲集也，達磨始姐實式憑之。大師庶可告無憾於法門也乎。

康熙十一年歲次壬子仲夏之吉　山陰法弟祈熊佳拜撰

五六　萬法歸心錄自敘

清・祖源超溟

空劫以前，威音那畔，佛與衆生無名，各具一圓明鏡！衆生無故，淨白光中，瞥起動心，昧卻本明，變生世界、衆生、業果，生死死生，相續不斷，沈迷三界，匍匐九有，從迷至今，無有悟日。若不斷流返源，何時方能頓脫！須悟萬法歸於一心，爲轉世智而成佛智，可謂會百川爲一濕，摶衆塵爲一丸，融鐶釧爲一金，變酥酪爲一味。斯一心法，理事圓備，十方諸佛一切衆生，皆同此心，無欠無餘。諸佛已覺，衆生不知，故有凡聖迷悟之名。

愚不肯袖手旁觀，指一條歸心正路。古云：「妙高頂上，從來不許商量，第二峯頭，諸祖略容話會。」故假申問答，說十條名相，證明一心，普施含靈！一者警省俗迷，返惡歸善；二者同儒論理，掃除異謗；三者與道辯僞，不向外求；四者頓悟修證，直超佛域；五者教乘差別，細示一心；六者惟心淨土，佛非外來；七者禪分五宗，理無二致；八者十魔亂正，養道預防；九者經語引證，斷疑憑信；十者勸善印施，答報佛思。外附〈遯世山居〉絕句二十偈。

愚少乘善根，偶窺至道，故僭伸管見，請正大方，實非臆見，惟順佛乘。如有後昆，閱錄有訛，求哀懺悔，誤法之過。設合聖心，依教奉行。他日同赴龍華，授記成佛有分。

大清康熙十五年十二月佛成道日　傳臨濟正宗三十三代嗣祖沙門祖源超溟道人題

五七　御製五燈全書序

清聖祖

朕惟：天生蒸民，厥有恆性，迨物交、私蔽以後，遂不能有善、而無惡。故操治世之權者，必兢兢以勸善懲惡爲先務焉。《大易》著閑邪存誠之義，《尚書》明福善禍淫之旨，皆所以啓牖下民，使之回心響道，而勿即於匪彝也。間嘗流覽釋氏之書，立教雖主於空寂，而其戒欺去妄，蠲忿窒欲，亦與勸善懲惡之道，蓋無殊指焉。

自宗門教興，曹溪而下，五派迭衍，各有撰述。宋景德以後，裒集爲《傳燈》諸錄，嗣是又舉挈要領，彙成一編，是爲《五燈會元》。洎乎本朝，沙門海寬，念其支派繁衍，自宋、金、元、明數百年來，傳述闕然，乃著《纘續》一書。今聖感寺僧超永，復慮諸牒漸棼，聞見不一。用是旁蒐博考，折衷於二編，而參訂之。删其煩蕪，增所未備，以成全書。其用心也，可謂勤矣。至於簡牘所載，互相印證之語，罕譬曲喻，爲說甚夥。而其大指要歸，亦惟欲祛迷惑，以復性真，不越乎閒邪存誠，牖人爲善之意。匪僅有裨於禪宗教旨而已也。故爲之序。

康熙三十二年四月二十五日

五八　金剛經總論

清・石天基

夫，人自二五凝成以來，賦此虛靈不昧之良，莫不各有一卷真經！及其知誘、物化之後，本真旋失。名雖爲人，實無以異於禽獸！抱朴子有言：「人生覆幬間。」自幼而趨壯，自壯而趨老，一失一口，如牽牛羊以詣屠肆，每進一步，而去死轉近，可不畏哉！所以我佛不得已，權引方便，引提迷人，何者爲性命，何者爲修行，强而名之曰經。若有豪傑丈夫，自悟本體如何，不假言詮，則真經露矣！

這真經，人人本有，個個不無。不因聖而會，不因凡而減，不用文字，不必註解，不勞刊印誦讀。要知，即刻就知，一些不難。若或不知，萬般費力，到底不知。只要有此真經，一切經典，都無用處。雖列錦軸牙籤，祇爲供奉之具耳！

如若真經不知，不得不請出環函，研窮蘊奧，晝夜參詳。至於用力之久，一旦豁然貫通，始爲絕學無爲大快樂之人也！無法可說之言，言不誣矣。

五九　十二時歌

清・井覷道登

師六住名藍，開法二十餘稔，痛時風不古，遂隱錦官文殊，將平生言句，盡付煨燼。慈毒存，竊記其十二時歌，云：

鷄鳴丑　真機密密翻筋斗，一點明星漏室來，涼風潑我娘生肘。老禪和，無何有，起來禮誦還依舊，老鼠不來偷我油，米筐猶聞聲打鬥。

平旦寅　不燒香去占虛名，禪床靜坐勞筋骨，且下經行走一巡。休擬議，勿追尋，一念無爲百不生，了了了時無可了，真真真處絕非真。

日出卯　打開門戶光皎皎，青山依舊不曾移，室內無塵奚用掃。剔明燈，穿破襖，拂拂清風誰覺曉，鵲噪鴉鳴動我機，分明原是自家寶。

食時辰　火板聲聲報衆聞，藿飯藜羹百味足，淡茶苦菜一腔清。吃卻了，自家評，摘葉覓枝我不能，鉢底明珠光燦燦，口中三昧嗎津津。

禺中巳　妙用縱橫無忌諱，眼裏不栽荊棘花，腳下何嘗有關係。道不修，禪不識，胸中唯覺虛明地，等閒拈起七斤衫，直使人人全體會。

日南午　隨分隨緣只麼度，心地不容正覺生，口中且吃油鹽醋。箇東西，唯自悟，酸甜苦辣皆圓具，西天東土總皆然，有甚男兒沒去處。

日昳未　光陰漸漸衰將去，我儂到此自承當，會得來時還不是。自修持，自評治，箇事原來非容易，但使身心寬覺空，一超直入如來地。

晡時申　天地為欄一體平，獨有草庵分寂寞，且無俗客到山門。風無動，雨無驚，此事人人本現成，狼藉一腔唯自得，殷勤馴伏趙州賓。

日入酉　羣靈不動山河走，清機一點少人知，八萬門頭自衞守。莫沈空，休抱有，性天明月光已久，堂堂箇事沒遮攔，覺得來時不唧溜。

黃昏戌　黑地穿鍼沒照顧，分明一箇好機關，密密綿綿箚不入。風一龕，月一窟，瀟瀟灑灑無回互，獨脫無依到上方，放出摩尼光閃露。

人定亥　一輪明月無邊界，宇宙山河凍底穿，世出世間無罣碍。這些兒，沒依賴，養就銀缸冰一塊，沈沈寂寂就中懸，冷冷清清常自在。

半夜子　靜聽松風說道理，泥牛吼處碧天寒，木馬嘶時波浪起。起無起，止無止，蟭螟吸乾滄海水，我儂有首偈初歌，試聽囉囉囉哩哩。

六〇　坐禪箴

日本・永平道元

佛佛要機，祖祖機要，
不思量而現，不回互而成。
不思量而現，其現自親；
不回互而成，其成自證。
其現自親，曾無染污；
其成自證，曾無正偏。
曾無染污之親，其親無委而脫落；
曾無正偏之證，其證無圖而工夫。
水清徹地兮，魚行似魚；
空闊透天兮，鳥飛如鳥。

六一　三根坐禪說

日本・瑩山紹瑾

上根坐禪者：不覺諸佛出世之事，不悟佛祖不傳之妙，飢來喫飯，困來打眠，非指萬象森羅以爲自己，覺不覺俱不存，任運堂堂，只麼正坐。雖然如是，於諸法不分異；萬法不昧矣！

中根坐禪者：放捨萬事，休息諸緣，十二時中，無暫息隙。就出息、入息，斷斷工夫；或提撕一則公案，注雙眼於鼻端。自家本來面目，不涉生死去來；真如佛性妙理，不墮慮知分別。不覺不知而無不覺，明明了了亙古亙今，當頭明于十方世界，全身獨露萬象之中矣！

下根坐禪者：且貴結緣，離善惡業道，直以即心，顯諸佛性源。足結佛地，不入惡處；手結定印，不取經卷；閉口如縫、如緘，不說一法。開眼不大大小，無分諸色；耳不聽善惡聲；鼻不嗅好惡香；身不倚物，動作頓止；意不攀緣，憂喜共盡。形相如如而如木佛；縱心雖起種種妄想顛倒，不作其咎，譬如明鏡上更不留浮影。

五戒、八戒、菩薩大戒、比丘具戒，三千威儀、八萬細行，諸佛菩薩轉妙法輪，皆自此坐禪中現前；無盡萬行之中，最勝實行，唯坐禪一門也！僅坐進一步功德，則勝造百千無量堂塔，何況常修無退乎！永解脫生死，見自己心佛；行住坐臥無非無作妙用，見聞覺知悉是本有靈光。不選初心、後心，無論有智、無智，如此坐禪，專精修行，不可忘失焉。

六二　興禪護國論序

日本・明菴榮西

大哉心乎！天之高不可極也，而心出乎天地之上；地之厚不可測也，而心出乎地之下；日月之光不可踰也，而心出乎日月光明之表；大千沙界不可窮也，而心出乎大千沙界之外；其太虛乎？其元氣乎？心則包太虛、而孕元氣者也；天地待我而覆載，日月待我而運行，四時待我而變化，萬物待我而發生！

大哉心乎！吾不得已而强名之也，是名最上乘，亦名第一義，亦名般若實相，亦名一真法界，亦名無上菩提，亦名楞嚴三昧，亦名正法眼藏，亦名涅槃妙心。然則三輪、八藏之文，四樹、五乘之旨，打併在個裡，大雄氏釋迦文，以是心法，傳之金色頭陀，號教外別傳！

洎鷲峯（世尊）迴面，雞嶺（迦葉）笑顏，拈華開千枝，玄源注萬派，竺天繼嗣，晉地法徒，東可以知矣。實先佛弘宣之法，法衣自傳；曩聖修行之儀，儀則已實。法之體相，全師弟子編；行之軌儀，無邪正之雜。

爰西來大師（達磨）鼓棹南海，杖錫東川以降，法眼逮高麗，牛頭迄日域。學之諸乘通達，修之一生發明；外打《涅槃》扶律，內併《般若》智慧，蓋是禪宗也！

我朝聖日昌明，賢風遐暢！雖貴象尊之國，頓首丹墀；金鄰玉嶺之鄉，投信碧砌。素臣行治世之經，緇侶弘出世之道，四韋之法猶以用焉，五家之禪豈敢捨諸。而有謗此之者，謂爲暗證禪；有疑此之者，謂爲惡取空；亦謂非末世法；亦謂非我國要；或賤我之斗筲（器之小者，筲音梢，竹器），以爲末徵文；或輕我之機根，以爲難興廢。是則持法者滅法寶，非我者知我心也！非啻塞禪關之宗門，抑亦毀叡嶽之祖道。慨然、悄然、是耶、非耶？

仍蘊三篋之大綱，示之時哲；記一宗之要目，貽之後昆。述爲三卷，分立十門也。名之《興禪護國論》，爲稱法王、仁王原意之故也。唯恃狂語之不違于實相，全忘緇素之弄說；憶臨濟之有潤于末代，不恥翰墨之訛謬也。冀傳燈句無消，光照三會之曉；涌泉義不窮，流注千聖之世。凡厥題門支目，列於後云爾。

六三　六祖法寶壇經跋

高麗・普照知訥

泰和七年十二月日，社內道人湛默，持一卷文，到室中曰：「近得《法寶記壇經》，將重刻之，以廣其傳。師其跋之。」

予欣然對曰：「此予平生宗承修學之龜鑑也！子其彫印流行，以壽後世，甚愜老僧意。然此有一段疑焉！南陽忠國師謂禪客曰：『我此間身心一如，心外無餘，所以全不生滅。汝南方身是無常，神性是常，所以半生半滅，半不生滅。』又曰：『吾比遊方，多見此色，近尤盛矣！把他《壇經》，云是南方宗旨，添糅鄙談，削除聖意，惑亂後徒。』子今所得，正是本文，非其沾記，可免國師所訶。然細詳本文，亦有身生滅，心不生滅之義，如云：真如性自起念，非眼耳鼻舌能念等——正是國師所訶之義！修心者到此不無疑念：如何逍遣，令其深信，亦令聖教流通耶？」

默曰：「然則會通之義，可得聞乎？」

予曰：「老僧曩者依此經，心翫味忘斁，故得祖師善權之意！何者？祖師爲懷讓、行思等密傳心印外，爲韋璩等道俗千餘人，說無相心地戒，故不可以一往談真而迸（與摒同，斥逐也）俗，又不可一往順俗而違真。故半隨他意，半稱自證，說真如起念，非眼耳能念等語。要令道俗等，先須返觀身中見聞之性，了達真如，然後方見祖師身心一如之密意耳！若無如是善權，直說身心一如，則緣目睹身生滅，故出家修道者尚生疑惑，況千人俗士，如何信受？是乃祖師隨機誘引之說也！忠國師訶破南方佛法之病，可謂再整頹綱，扶現聖意，堪報不報之恩。我等雲孫，既未親承密傳，當依如此顯傳門誠實之語，返照自心，本來是佛，不落斷、常，可爲離過矣！若觀心不生滅，而見身有生滅，則於法上以生二見，非性相融會者也。是知依此一卷靈文，得意參詳，則不歷僧祇，速證菩提。可不彫印流行，作大利益耶！」

默曰：「唯，唯。」

於是乎書

海東曹溪山修禪社沙門　知訥跋

六四　玄陵請心要

高麗・太古普愚

國王命曰：為我慈悲，垂法語流恩。

某敬心奉旨，略露其端云：

太古這裡，本無一法，何語之有哉？然不可毋答國王重請！以非言為語，直指心地而言。

有一物，明明歷歷，無僞無私，寂然不動，有大靈知。本無生死，亦無分別，亦無名相，亦無言説。吞盡虛空，蓋盡天地，蓋盡色聲，具大體用。言其體，則包羅盡、廣大而無外，收攝盡、微細而無內；言其用，則過佛刹微塵數智慧、神通、三昧、辯才。即隱即顯，縱橫自在，有大神變，雖大聖莫之能窮。

此一物，常在人人分上，舉足下足時，觸境遇緣處，端端的的，的的端端，頭頭上明，物物上顯，一切施為，寂然昭著者——方便呼為佛！亦云道，亦云萬法之王，亦云佛。佛言：「經行及坐臥，常在於其中。」堯舜亦曰：「允執厥中。」

無爲而天下大治，堯舜豈非聖人乎？佛祖豈異人哉？只明得個此心！故從上以來，佛佛祖祖，不立文字，不立語言，但以心傳心，更無別法。若此心外，別有一法，便是魔說，元非佛語。

所以名此心者，非是凡夫妄生分別之心，正是當人寂然不動底心也。如是自心，不能自守，不覺妄動，忽忽然被境風動亂，埋沒六塵之裡，數起數滅，妄造無窮生死業苦。是以佛祖聖人，承宿願力，出現世間，以大悲故，直指人心，本來是佛，令其只悟心佛耳。

殿下應觀自佛。萬機之暇，正坐殿上，一切善惡都莫思量，身與心法，一時都放下，一如金、木佛相似。則生滅妄念盡滅，滅盡的亦滅，閒爾之間，心地寂然不動，無所依止，身心忽空，如倚太虛相似。這裡只個明明歷歷，歷歷明明底現前！此時正好詳看：父母未生前本來面目？才舉便悟！則如人飲水，冷暖自知，拈與人不得，說與人不得，只是個靈光，蓋天蓋地。

如上所言境界，自然顯現時，即不疑生死，不疑佛祖言句，即與佛祖相見了也。此是從上佛祖父子相傳之妙，切須在意，慎毋忽焉！臨政新民之際，亦只如是；亦以斯道，普警羣機，勸諸臣民，同樂太平無爲之理。則諸佛龍天，豈不歡喜，祐其邦國乎！

國王、公主、非但此生，多生以來，遇佛聖人，於此最上宗乘中，深種般若之因；乘本願力，今爲國王、公主，自然無爲，而樂問斯義，如撥宿火相似，成辦大事，必無疑也。國人之有福智者，奉順國王之意，敬之如佛，中心喜悅，而現於色曰：「我皇是佛心國王、佛心公主。」讚揚無已，此人必是昔與國王、公主，同種善根而來，今又長之者歟。其或見而生疑者，與不聞見者，何足論之哉

按：太古普愚（一三〇一——一三八二）得法石屋清珙，為臨濟宗傳入高麗之第一人，恭愍王封為王師。

六五　禪家龜鑑

朝鮮・清虛休靜

有一物於此，從本以來，昭昭靈靈，不曾生，不曾滅，名不得，狀不得。佛祖出世，無風起浪！

然，法有多義，人有多機，不妨施設，强立種種名字，或心，或佛，或衆生；不可守名而生解。當體便是，動念即乖！

世尊三處傳心者（三處者：多子塔前分半座、靈山會上拈花、雙樹下槨示雙趺）爲禪旨；一代所説者爲教門。故曰：禪是佛心，教是佛語。是故：若人失之於口，則拈花微笑，皆是教迹；得之於心，則世間粗言細語，皆是教外別傳禪旨。吾有一言，絶慮忘緣，兀然無事坐，春來草自青！

教門惟傳一心法；禪門惟傳見性法。然諸佛説經，先分別諸法，後説畢竟空；祖師示句，迹絶於意地，理顯於心源。諸佛説弓（曲也），祖師説絃（直也）；佛説無礙之法，方皈一味，拂此一味之迹，方現祖師所示一心。故云庭前柏樹子話，龍藏所未有底！故學者先以如實言教委辨！不變、隨緣二義，是自心之性相；頓悟、漸修兩門，是自行之始終。然後放下教義，但將自心現前一念參詳禪旨，則必有所得，所謂出身活路。大抵學者，須參活句，莫參死句。

凡本參公案上，切心做工夫，如雞抱卵，如貓捕鼠，如飢思食，如渴思水，如兒憶母，必有透徹之期。參禪須具三要：一有大信根；二有大憤志；三有大疑情。苟闕其一，如折足之鼎，終成廢器。日用應緣處，只舉「狗子無佛性」話，舉來舉去，疑來疑去，覺得沒理路，沒義味，沒滋味，心頭熱悶時，便是當人放身命處，亦是成佛作祖底基本也。話頭不得舉起處承當，不得思量卜度，又不得將迷待悟。就不可思量處思量，心無所之，如老鼠入牛角，便見倒斷也。又尋常計較安排底是識情，隨生死遷流底是識情，怕怖慞惶底是識情。今人不知是病，只管在裡許頭出頭沒。

此事如蚊子上鐵牛，更不問如何若何？下嘴不得處，棄命一攢，和身透入。工夫如調絃之法，緊緩得其中；勤則近執著，忘則落無明——惺惺歷歷，密密綿綿。工夫到行不知行，坐不知坐，當此之時，八萬四千魔軍，在六根門頭伺候，隨心生設：心若不起，爭如之何！起心是天魔，不起心是陰魔，或起或不起是煩惱魔；然我正法中，本無如是事！工夫若打成一片，縱今生透不得，眼光落地之時，不爲惡業所牽。

大抵參禪者，還知四恩深厚麼？還知四大醜身念念衰朽麼？還知人命在呼吸麼？生來值遇佛祖麼？及聞無上法生希有心麼？不離僧堂守節麼？不與鄰單雜話麼？切忌鼓扇是非麼？話頭十二時中明明不昧麼？對人接話時無間斷麼？見聞覺知時打成一片麼？返觀自己捉敗佛祖麼？今生決定續佛慧命麼？起坐便宜時還思地獄苦麼？此一報身定脫輪迴麼？當八風境心不動麼？此是參禪人日用中點檢底道理。古人云：「此身不向今生度，更待何生度此身。」學語之輩，說時似悟，對境還迷；所謂言行相違者也。

若欲敵生死，須得這一念子爆地一破，方了得生死。然一念子爆地一破，然後須訪明師，決擇正眼。古德云：「只貴子眼正，不貴汝行履處。」願諸道者，深信自心，不自屈、不自高。迷心修道，但助無明；修行之要，但盡凡情，別無聖解。不用捨衆生心，但莫染污自性，求正法是邪。斷煩惱名二乘，煩惱不生名大涅槃。須虛懷自照，信一念緣起無生。諦觀殺盜淫妄，從一心上起，當處便寂，何須更斷！知幻即離，不作方便，離幻即覺，亦無漸次。衆生於無生中，妄見生死、涅槃，如見空華起滅。菩薩度衆生入滅度，又實無衆生得滅度。

理雖頓悟，事非頓除！帶淫修禪，如蒸沙作飯；帶殺修禪，如塞耳叫聲；帶偷修禪，如漏巵（音支，酒器）求滿；帶妄修禪，如刻糞爲香。縱有多智，皆成魔道。無德之人，不依佛戒，不護三業，放逸懈怠，輕慢他人，輕量是非，而爲根本。若不持戒，尚不得疥癩野干之身，況清淨菩提果——可冀乎？欲脫生死，先斷貪欲，及諸愛渴。無礙清淨慧，皆因禪定生；心在定，則能知世間生滅諸相。見境心不起名不生；不生名無念，無念名解脫。修道證滅，是亦非真也；心法本寂，乃真滅也。故曰：「諸法從本來，常自寂滅相。」

貧人來乞，隨分施與；同體大悲，是真布施。有人來害，當自攝心，勿生瞋恨；一念瞋心起，百萬障門開；若無忍行，萬行不成。守本真心，第一精進！持咒者，現業易制；自行可違，宿業難除，必借神力。禮拜者，敬也，伏也，恭敬真性，屈伏無明。念佛者，在口曰誦，在心曰念；徒誦失念，於道無益。聽經有經耳之緣，隨喜之福；幻軀有盡，實行不亡。看經若不向自己上做工夫，雖看盡萬藏，猶無益也。

學未至於道，衒耀見聞，徒以口舌辨利相勝者，如廁屋塗丹雘。出家人習外典，如以刀割泥，泥無所用，而刀自傷焉！出家爲僧，豈細事乎？非求安逸也，非求溫飽也，非求利名也；爲生死也，爲斷煩惱也，爲續佛慧命也，爲出三界度衆生也。佛云：「無常之火，燒諸世間。」又云：「衆生苦火，四面俱焚。」又云：「諸煩惱賊，常伺殺人。」道人宜自警悟，如救頭燃！貪世浮名，枉功勞形，營求世利，業火加薪。名利衲子，不如草衣野人！佛云：「云何賊人，假我衣服、裨販如來，造種種業。」

於戲，佛子！一衣一食，莫非農夫之血織女苦。道眼未明，如何消得？故曰：「要識披毛戴角底麼？即今虛受信施者是。」有人未飢而食，未寒而衣，是誠何心哉？都不思目前之樂，便是身後之苦也。故曰：「寧以熱鐵纏身，不受信心人衣；寧以洋銅灌口，不受信心人食；寧以鐵鑊投身，不受信心人房舍等。」故曰：「道人進食如進毒，受施如受箭；幣厚言甘，道人所畏。」故曰：「修道之人，如一塊磨刀之石，張三也來磨，李四也來磨，磨來磨去，別人刀快，而自家石漸消；然有人更嫌他人不來我石上磨，實爲可惜。」故古語亦有之曰：「三途苦未是苦，袈裟下失人身，始是苦也。」

咄哉！此身九孔常流，百千癰疽，一片薄皮；又云革囊盛糞，膿血之聚，臭穢可鄙！無貪惜之；何況百年將養，一息背恩。有罪即懺悔，發業即慚愧，有丈夫氣象；又改過自新，罪隨心滅。道人宜應端心，以質直爲本；一瓢一衲，旅泊無累。

凡夫取境，道人取心；心境兩忘，乃是真法。聲聞宴坐林中，被魔王捉；菩薩遊戲世間，外魔不見。

凡人臨命終時，但觀五蘊皆空，四大無我，真心無相，不去不來，生時性亦不生，死時性亦不去，湛然圓寂，心境一如。但能如是直下頓了，不爲三世所拘繫，便是出世自由人也。若見諸佛，無心隨去，若見地獄，無心怖畏；但自無心，同於法界。此即是要節也。然則，平常是因，臨終是果。道人須著眼看！凡人臨命終時，若一毫毛凡聖情量不盡，思慮未忘，向驢胎馬腹裡托質，泥犁鑊湯中煮煠；乃至依前，再爲螻蟻蚊虻。

禪學者本地風光，若未發明，則孤峭玄關，擬從何透？往往斷滅空以爲禪，無記空以爲道，一切俱無以爲高。見此冥然頑空，受病幽矣！今天下之言禪者，多坐在此病。宗師亦有多病！病在耳目者，以瞠眉努目、側耳點頭爲禪；病在口舌者，以顛言倒語，胡喝亂喝爲禪；病在手足者，以進前退後、指東畫西爲禪；病在心腹者，以窮玄究妙、超情離見爲禪。究實而論，無非是病。本分宗師，全提此句，如木人唱拍，紅爐點雪；亦如石火電光，學者實不可擬議也！故古人知師恩曰：「不重先師道德，只重先師不爲我說破。」

大抵學者，先須詳辨宗途。昔馬祖一喝也，百丈耳聾，黃蘗吐舌。這一喝，便是拈花消息，亦是達磨初來底面目。吁，此臨濟宗之淵源！臨濟喝、德山棒，皆徹證無生，透頂透底，大機大用，自在無方，全身出沒，全身擔荷，退守文殊、普賢大人境界。然據實而論，此二師亦不免偷心鬼子！大丈夫見佛見祖，如冤家！若著佛求，被佛縛；若著祖求，被祖縛。有求皆苦，不如無事。神光不昧，萬古徽猷，入此門來，莫存知解。

「附跋」

右編乃曹溪老和尚退隱師翁（清虛休靜一五二〇——一六〇四）所著也。噫！二百來師法益喪，禪教之徒，各生異見。宗教者，唯耽糟粕，徒自算沙，不知五教之上，有直指人心，使自悟入之門；宗禪者，自恃天真，撥無修證，不知頓悟後始即發心修習萬行之意。禪教混濫，沙金罔分，圓覺所謂：聞說本來成佛，謂本無迷悟，撥置因果，則便成邪見；又聞修習無明，謂真能生妄，失真常性，則亦成邪見者是也！

嗚呼，殆哉！斯道不傳，何若是其甚也；綿綿涓涓，如一髮引千鈞，幾乎落地無從矣！賴我師翁，住西山一十年，鞭牛有暇，覽五十本經論、語錄，間有日用中，參決要切之語句，則輒錄之，時與室中二、三子，諄諄然誨之，一如牧羊之法，過者抑之，後者鞭之，驅入於大覺之門——老婆心得徹困若是其切也！……可謂禪教之龜鑑，解行之良藥也！然師翁常與論，這般事，雖一言半句，如弄劍刃上事，恐上紙墨；豈欲以此流通方外，誇衒己能也哉？門人白雲，禪子魯願寫之；門人碧泉，禪德義天校之。門人大禪師淨源、門人大禪師大常、門人青霞、道人法融等，稽首再拜曰：未曾有也。遂與同志六、七人，傾鉢囊中所儲，入梓流通。以報師翁訓蒙之恩也。

龍藏汪洋，渺若淵海，雖言探龍珠、采珊瑚者，孰從而求之？非入海如陸之手段，頗不免望涯之嘆！然則，撮要之功，發蒙之惠，如山之高，若海之深，設若碎萬骨、粉千命，如何報得一毫哉！千里之外，有見之聞之，不驚不疑，敬之讀之，以爲寶玩，則真所謂千歲之下，一子雲耳。時

萬曆己卯春　曹溪宗遂四溟隱峯　惟政拜手口訣因為謹跋

附錄一 大慧、宏智禪風

出《禪林珠璣》

南宋初期，徑山大慧杲倡看話禪，天童宏智覺傳默照禪，爲當時禪宗兩大主流。一暢臨濟家風，一揚曹洞宗旨，二人禪風——峻猛、綿密各異，猶如盛唐時期南能北秀的對峙！後代人對大慧杲頗多推重，而於宏智覺則似未重視。然默照觀心爲聖聖相傳法門；祖師禪雖重直指——即心是佛（即真心、即現前一念是佛），也勸人休歇——無心是道（無妄心，泯妄以顯真）！故達磨云外息諸緣，內心無喘，心如牆壁，可以入道。神秀大師倡時時勤拂拭旨，五祖讚嘆云：後代依此修行亦得勝果（《傳燈錄》）。經云方便多門，歸源無二！所患者得少爲足，不知向上一著，在六根門頭弄影，黑山鬼窟裡作活計——則爲祖師所呵。

—

臨安府徑山妙喜大慧宗杲禪師　師云：「恰如一件好物十分現成，卻被人雕刻作千般奇怪，以失其真。」

師云：「這一段事，人人本有，各各天真，只爲無始時來無明業識所覆，所以不能現前，卻去外頭別覓家舍。尋常室中問兄弟：不是心、不是佛、不是物是什麼？未問幸自在家裡坐，才問他是什麼？便離卻本位走出門前。」

師云：「山僧待人至誠，須是你資質是始得！此是一超直入如來地。參禪須是直心直行直言直語，心言直故，始終地位，中間永無諸委曲相。祖師西來，只道直指人心：僧問雲門：如何是佛？門云：乾屎橛！擬議思量早曲了也！而況脫空乎？」（雲門有云：擬心即差，況復有言！莫是不擬心嗎？更有什麼事。）

師示衆：「諸人還會麼？此事非難非易——差之毫釐，失之千里！奉勸諸人退步自看，一切現成，便請直下承當，不用費力；爾擬動一毫毛地，便是千里萬里没交涉也！」

師示衆：「此是無爲無漏無功用大法門，若起纖毫取證心，則背馳矣！如何欲憑些小有爲功行便擬希求？所以古人見得太近，故云：我坐地看你究取！又云：我立地看你究取！即不曾教你起模畫樣積功累德希望成道：縱你希望得成，才成即壞，徒自疲勞。你莫見恁麼道了，便撥無因果，作地獄業，以平常無事喚作無佛法知見，饑來喫飯困來即臥，以此爲無修證，以此爲無功用——且莫錯會好！荷擔此事，也須是箇渾鋼打就、生鐵鑄成底漢始得，豈容你小根小器造次承當。」

按：大慧杲以語言文字顯拈花之旨，痛快淋漓！雖是對上根利智人說法，中下根機但能一念信解，亦為將來解脫之因。

二

明州天童宏智正覺禪師　師示衆：「好諸禪德！本圓本明，本寂本靈，亘曠古而有種，混太虛而無形。劫外家風澹泊，壺中田地丕平；望時眼力欲斷，體處心緣未萌。雲懷雪意兮鶴夢杳杳，天作愁容兮鴻飛冥冥；唯默默而自照，故湛湛而純清。想凝而結成器界，知覺而流作衆生；情多少而歧分六道，智大小而區別三乘。境真則觸處見佛，道妙而破塵出經；猶明珠而應色，似空谷而傳聲。只如超凡入聖、轉位隨緣，且道：路頭在甚麼處？還體悉得麼？」良久云：「曉風摩洗昏煙淨，隱隱青山一線橫。」

示衆：「以本際光，洗長夜暗；以法界智，破塵劫疑。生滅紛紛，而不至真淨之家；賁緣擾擾，而不到圓明之境。任它外變，獨我中虛；步入道環，體亡幻事。所以古人道：有物先天地，無形本寂寥，能爲萬象主，不逐四時凋。且道這箇什麼？」良久云：「鯨吞海水盡，露出珊瑚枝。」

法語：「枯寒身心，洗磨田地，塵紛淨盡，一境虛明，水月霽光，雲山秋色，青青黯黯，湛湛靈靈，自照本根，不循枝葉。箇時底處，超邁情緣，不限劫數，一念萬年，終無變易，從此出應，虛谷行雲，動靜自若，順入諸塵，常在三昧。所以云：那伽常在定，無有不定時。」

上堂：「佛法也無如許多般，只要諸人一切時中，放教身心空索索地，條絲不掛，廓落無依，本地靈明，毫髮不昧；若恁麼履踐得到，自然一切時合，一切時應，了無纖塵許作你障礙處，便能轉千聖，向自己背後，方喚作衲僧；若也，倚它門戶，取它處分，受它荼糊，豈不是瞎驢趁大隊！既然如是，畢竟如何？」「自是不歸歸便得，五湖煙浪有誰爭。」

中秋日云：「清涼境界，一壺爽氣涵秋；明白身心，半夜霽容懷月。靈然自照，廓爾常虛；斷生滅之夤緣，出有無之情量。諸人還到如是田地，還能如是遊踐也無？」良久云：「斫盡月中桂，清光應更多。」

趙學士求頌：「身前身後獨靈靈，一切如來出此經；歇盡狂心便相見，水秋天淨月亭亭。」

入塔佛事：「幻滅非無，圓覺非有；虛而長靈者誰，死而不亡曰壽。嚴風摩洗天容清，寒木搖落山骨秀；虛明田地歸去來，夜半長空月如晝，」

師入寂時示偈：「夢幻空華，六十七年；白鳥煙沒，秋水連天。」

附錄二　靈龜？鈍鳥？（大慧與宏智的一段公案）

釋惟明

《現代禪》三九期（一九九三年八月一日），刊出某大德文章〈鈍鳥離巢易，靈龜脫殼難〉，對南宋初期二位宗門巨匠——大慧宗杲、宏智正覺——臨入寂情況作了敘述。文中讚揚宏智正覺；對大慧宗杲則誤用了片面不實報導。爲了前賢聲譽，及可能引起的副作用，覺有必要加以澄清。

南宋初期，臨濟宗的大慧宗杲，提倡「看話禪」，曹洞宗的宏智正覺提倡「默照禪」，由於宗風不同——先慧後定、先定後慧，引起諍論，在所難免。大慧評斥默照禪是事實，但那是應病與藥，要人會取向上一著，並不存在人身攻擊。而且隨著時間的增進，兩人也加深了瞭解，在《大慧普覺禪師語錄》、《天童宏智禪師廣錄》中均載有大慧題的〈天童覺和尚讚〉：

「烹佛烹祖大鑪鞴，鍛凡鍛聖惡鉗鎚，
起曹洞已墜之際，鍼膏肓於必死之時。
善說法要，罔涉離微，

不起於座，而變荊棘林爲梵釋龍天之宮，而無作無爲。

神澄定靈，雪頂龐眉，

良工寫出兮不許僧繇知，虛堂挂張兮梁寶公猶迷。

箇是天童老古錐，妙喜知音更有誰。」

備致推崇！但徒衆之間難免有耿介於懷，傳播一些自讚毀他的話語。

宏智禪師入滅經過，最可靠的資料，當推「參知政事」周葵，應宏智禪師徒衆請，所撰的〈塔銘〉。茲節錄一部份：

「丁丑（紹興二十七年，西元一一五七）秋九月壬申，師入四明，又命舟至越，遍見常所往來者，若與之別。冬十月己亥還山，飯客笑語無異平昔，翼（同翌）旦作遺書與佛日杲禪師，且爲徒書四句偈，投筆而逝。自佛日住育王，與師相得甚歡，嘗戲曰：『脫我先去，公當主後事。』及佛日得遺書，夜至天童，凡送終之禮，悉主之。因舉師弟子法爲繼席。識者方知二尊宿，各傳一宗而以道相與，初無彼此之間也。」

其次，孝宗乾道二年（西元一一六六）六月日「左朝奉大夫侍御史」王伯庠撰的〈敕賜宏智禪師行業記〉，內容與前大致相同：

「二十七年秋九月，忽來城中，謁郡僚，及素所往來者。又之越上，謁帥守趙公令詪。因遍詣諸檀越家，若與之別。十月七日還山，飯客如常。八日辰已間，沐浴更衣，端坐告衆，顧侍者索筆，作書遺大慧禪師，屬以後事。又書偈曰：

夢幻空花，六十七年，
白鳥煙沒，秋水連天。

擲筆而逝。龕留七日，顏貌如生。壽六十七，僧臘五十三。大慧夜得書，即至山中。以十四日奉師全身，葬東谷塔……師去世之五月，詔賜：宏智禪師。塔曰：妙光。參知政事周公葵爲之銘。」

由〈塔銘〉及〈行業記〉看，宏智禪師在寫完四句偈後，即擲筆而逝，大慧禪師得書至天童，已未及見最後一面。

另外，未具名及年代所撰的〈行實〉，內容則有了些更動，是這樣的：

「丁丑秋九月，謁郡僚及檀越，次謁越帥趙公令詪，與之言別。各十月己亥還山，翼日沐浴更衣，端坐告衆，作書遺大慧杲公，邀主後事，別以偈，偈曰：

鈍鳥離巢易，靈龜脫殼難；
我無你不去，你無我不行。

復書偈示衆曰：

夢幻空花，六十七年，

白鳥煙沒，秋水連天。

擲筆而逝。龕留七日，顏色如生，其徒奉全軀，塔于東谷。紹興戊寅，詔謚師宏智，塔曰妙光。」

再回頭看，《大慧普覺禪師語錄》卷五，有「天童覺和尚遺書至受書」的上堂法語，師云：

「古人道：末後一句，始到牢關，把斷要津，不通凡聖！」

舉起書云：

「這個，是天童和尚末後把斷要津全提底消息！還委悉麼？如未委悉，卻請維那分明說破。」

宣了，遂陞座云：

「法幢摧，法梁折，法河乾，法眼滅——雖然如是，正是天童真實話！且道：說底事作麼生？知音知後更誰知！」

另《大慧普覺禪師年譜》記載：「二十七年丁丑，師年六十九。……十二月主天

童覺禪師喪。」（十二月似為十月之誤）

由以上對照，則知宏智後事是在大慧主持下，和諧、尊重進行。

唯字經三寫，烏焉成馬，《天童宏智禪師語錄》中出現〈陸游題師像讚〉，寓含了褒貶之意：

「死諸葛走生仲達，死姚崇賣生張說，
看渠臨了一著子，諸方倒退三千里。」

〈陸游題師讚〉之下，又有小字按語：

「按：師臨歿請大慧主後事，慧至問師：『安在？』侍者曰：『師無恙也。』慧笑曰：『鈍鳥。』師聞，遽以偈達之，有：鈍鳥離巢易，靈龜脫殼難——之語。同一胠篋遺之，並誡曰：『有急，當啓視。』師遂化。無何慧患背疽潰決，憶師言，啓篋視之，乃木棉花也。用以塞創，花盡，而慧乃卒，時以定兩師優劣，故有死諸葛、生仲達云云。」

〈陸游題師像讚〉出於陸游之手，應當不會錯，但底下按語，與前述〈碑銘〉、〈行業記〉、〈行實〉記載均不相符，與大慧以後入滅情況也不一樣。按語口氣也類後人加添進去。應是好事者，或是宏智門徒發洩不滿情緒所爲。

現在再看大慧杲入寂約略經過——〈年譜〉記載：

「孝宗皇帝隆興元年癸未，師七十五歲。……七月十二日，師已示微恙，大衆力請說法於千僧閣，以爲末後垂訓，師委曲付囑：『老僧來日無多，汝等侍吾之久，宜各隨所緣，以佛法爲念，莫負初志，實吾所願。』其語懇勵至切，于時衆皆悲感。……

（八月）初九日薄暮，學徒識師無意於世，環擁寢室，師以手搖曳曰：『吾翌日始行矣。』至五鼓，親書遺奏曰：『臣宗杲深荷聖恩，臣今年已衰，遂辭聖世。伏願陛下爲天下生靈，保衛聖躬，力致太平，永光佛法。臣宗杲上奏。』及作丞相張公德遠書，以端石硯寄別丞相湯公進之，以外護吾宗爲囑。

仍書委曲，以示參徒曰：『吾歿之後，叢林自有常典，切不可過儀。小師不得披麻戴孝，慟哭過情，恐混世俗。所畜書畫，老僧平日至愛道友、彥光，各送一本，遮以表意。』口授委曲，付諸嗣法云：『吾自夏及秋，不美飲食，雖無甚疾苦，而幻體日見羸劣，蓋世緣止於此也。汝既應緣一方，宜更堅持願力，以報佛祖深恩，是吾之望。臨行以數語爲別，各宜悉及。』

了賢等請偈，師厲聲曰：『無偈便死不得也？』衆告既切，不得已而書付了賢，呈大眾云：

『生也只恁麼，死也只恁麼，
有偈與無偈，是甚麼熱大。』

投筆就寢，吉祥而逝。」

大慧禪風直而不迂，而復真俗圓融——佛法不離世間法！終其一生，沒有改變。他臨終作偈：「生也只恁麼，死也只恁麼，有偈與無偈，是甚麼熱大。」實則與某大德所推崇的偈語：「咦！從來生死不相干。」是一鼻孔出氣的！

同樣的，宏智正覺禪師空寂境界，令人讚仰！但如另加一偈：

鈍鳥離巢易，靈龜脫殼難；
我無你不去，你無我不行。

則微給人一種計較，放不下的感覺；當不是宏智覺禪師的本地風光。學人宜記取教訓，慎勿在淨白地上，胡亂塗畫，玷污前賢。

生死甚不易了脫，一般講要生生世世不懈的努力！我們不能期望每個人都像大慧、宏智解脫自在。只要他知見正確，利益眾生，光大佛教，縱使行有未逮，同樣值得我們景仰。

附錄三　真如慕喆禪師略傳（兼評「喆老為宋欽宗後身」之說）

釋惟明

最近讀到某位大德評論禪淨兩宗優劣的文章，見仁見智，而且與以往所見到的，約略同一模式！本不欲表示意見，但最後褒貶過甚，將北宋末的昏君宋欽宗，說成是真如喆禪師的後身（自然某大德也有根據，見後），參禪流弊是否一至於此，而且事關先賢的聲譽，不能不辨。爰不計譾陋，就《續傳燈錄》、《靖國續燈錄》、《禪林寶訓》等相關資料，擷錄成一篇〈真如慕喆禪師略傳〉，俾先賢事迹，昭彰於世，不致以訛傳訛，被扭曲。

•

潭州大溈真如慕喆禪師：北宋撫州臨川聞氏子，幼依建昌永安圓覺律師披薙。受具後，弊衣糲食，向道勇銳，夜坐不睡，以圓木為枕，小睡則枕轉，覺乃復起，安坐如故，率以為常。或謂用心太過，師曰：「我於般若緣分素薄，若不刻苦勵志，恐為妄習所牽。況夢幻不真，安得為久長計！」

師性恭謹，爲人剛簡有高識，依翠巖可真禪師爲侍者，真好暴所長以蓋人，號真點胸，所至犯衆怒、非笑之，師與之周旋二十年，無失禮。真住兩刹，師輔佐之，蔚成法席。真謂人曰：「三十年後，喆其大作佛事。」真歿，塔於西山，師心喪三年，乃去遊湘中，一鉢雲行鳥飛，去住爲叢林重輕。

謝師直守潭州，聞其風而悅之，迎住嶽麓。未幾遷大溈。衆二千指，無所約束，人人自律。唯粥罷，受門弟子問道，謂之入室。齋罷，必會大衆茶，諸方纔月一再，而師講之無虛日。放參罷，輒自作務，使令者在側如路人。晨香夕燈，十有四年。夜禮拜，持茅視殿廡燈火，倦則以帔蒙首，假寐三聖堂。

哲宗紹聖元年，有詔住大相國寺智海禪院，京師士大夫想見風裁，叢林以師靜退畏鬧，不敢其必來。師受詔欣然俱數衲子至，解包之日，傾都來觀，至謂一佛出世！院窄而僧日增，無以容，則相枕地而臥。有請限之者，師曰：「僧、佛祖所自出，厭僧厭佛祖也！安有名爲傳法，而厭佛祖乎？汝安得不祥之語哉！」師愛人以德，凡事不合，必面折之。說法少緣飾，貴賤一目。

哲宗引對延和殿，稱旨，賜紫服，並「真如」號。

開堂日，哲宗皇帝遣中使降香，師謝恩畢，登座，拈香祝延聖壽罷，乃敷坐。

法雲大通禪師白槌竟，師召大眾云：「龍樓鳳閣，瑞氣凝空，五路三街，和風習習——如未相悉，流布去也！祖師西來，直指人心，見性成佛：況在會四眾，盡是祖師指出底人！還信得及麼？若信得及，天上天下，隨處建立，隨處利生，出沒卷舒，縱橫應用！其或未然，何妨致問！」

數僧出問，師一一致答。

又云：「若論此事，豈在如斯！何故？輝騰世界，迥絕知見，函蓋相應，絲毫不漏，當人分上，各自圓成，亙古亙今，無增無減，有佛無佛，性相常如！以此舉揚，上答皇恩！久立眾慈，伏惟珍重。」

師禪風峻捷，上堂、酬對、勘驗，均不容擬議，貴於機前薦取——

上堂，拈拄杖，云：「智海拄杖，或作金剛王寶劍，或作踞地師子，或作探竿影草，或不作拄杖用——諸人還相委悉麼？」「若也悉去，如龍得水，似虎靠山，出沒卷舒，縱橫應用！如未相悉，大似日中逃影！」

上堂：「古佛道：昔於波羅奈轉四諦法輪；墮坑落塹！今復轉最妙無上大法輪：土上加泥！如今還有不歷階梯，獨超物外者麼？」良久曰：「出頭天外看，誰是箇中人！」

凡驗學者，舉：「趙州洗鉢話」曰：「上人如何會？」僧擬對，師以手托之曰：「歇去！」自始至終，未曾換機。

師於紹聖二年十月八日，無疾說偈：

昨夜三更，風雷忽作，

雲散長空，前溪月落。

良久，別衆趨寂。闍維舍利斗許，大如豆，目睛齒爪不壞。門弟子分葬于京、潭二塔。丞相曾布爲撰塔銘。惠洪覺範爲作傳，末有贊云：「真如平生，以身爲舌，說比丘事；及其霜露果熟，則衆聖推出。予觀其潛行密用于山間樹下；至其死生之際，奇瑞之驗乃在或天子之都。其亦乘願力而至者耶！」

●

真如喆禪師生平事迹，約略如次。今再查《龍舒淨土文》記載。《龍舒增廣淨土文》卷第七，載有「歷舉參禪之弊，且引事迹爲證」，計列：「青草堂後身曾魯公」、「戒禪師後身東坡」、「喆老後身多憂苦」、「古老後身耽富貴」、「三菩薩」（無著、世親、師子覺）修兜率」、「法華尼後身作官妓」。其「喆老後身多憂苦」

一段曰：

「有喆老者，住京師大刹。四十年不睡坐禪，精苦如此，坐化後，紙襖亦燒出舍利，中官有以三十千買一紙襖者，以其有舍利故也。其效驗已如此，若修西方，必爲不退轉地菩薩，即生死自如矣！卻來此世界濟渡衆生，有何不可！不知修此，乃生大富貴處（指宋欽宗為其後身），一生多受憂苦，可哀也哉！縱使受大富貴，亦終有盡，依舊輪迴。

或云：以喆老之精修，今生多受憂苦何也？答云：佛言：假令百千劫，所作業不亡，因緣會遇時，果報還自受。永嘉大師亦云：了則業障本來空，未了應須還宿債。以喆老不曾了得生死大事，今世生於大富貴處，乃前生願心也。多受憂苦者，乃因緣會遇而還千百世之宿債也！若生西方，則宿債不須還矣！何則，死生自如故，雖入一切衆生生死界中大作濟渡，一性已不昧，而超脫三界，豈須還宿債哉。且以喆老之精修，猶不能超脫三界，豈非：三界之岸極高，其苦海極深，其波濤極急，故不易超脫乎！修西方而超脫者，仗佛力也；有佛而不倚仗，猶窮賤餓人，見富貴而不倚仗——哀哉！」

某大德論點，大約引援此段；然文雖苦口婆心，而不無可商榷處！一、如所載參禪、學教既有如許危險，如喆老者，尚且徒勞無功，則世尊何用開此法門？須知「世世常行菩薩道」、「生生增進」（《雜阿含經》云：「假使有世間，正見增上者，雖復百千生，終不墮惡趣」），爲大小乘所信受奉行。「自力」（修戒定慧，滅貪瞋癡；念佛去除妄想，求證一心不亂，理亦相同）是佛教的特色，何可厚非？惠洪覺範禪師與喆老爲同一時代人，贊其乘願力而至！後學何所見，認其後身爲一昏君？二、喆老一生精修，於名利澹如，臨終無疾說偈而化，其去處可謂不可思議！而論文指其「今世生於大富貴處，乃前生願心也。」又將宋欽宗種種屈辱，說成喆老的宿業。不知據何論斷？無乃對尊宿的大不敬。三、據《佛祖統紀》記載，宋欽宗誕日爲四月十三日，喆老坐化于十月初八日，兩者相去五月餘，無論就入胎或「奪舍」來說，時間上均不脗合。

以上研判，宋欽宗爲真如喆禪師後身之說，實難成立。要之，大修行人後身，除了得道聖人證明外，其他巧合（此死彼生，所謂「奪舍」，佛經並無此說）、夢境、傳聞、附會等等，均難使人信服（《龍舒淨土文》所引其他五項後身事蹟，多此之類）。而且，後身之說，往往各說各話，莫衷一是。如蓮宗奉爲六祖的永明延壽禪師，《禪林僧寶傳》（北宗惠洪覺範著）載：「時號慈氏下生」，後世則傳謂是彌陀示現。又《淨土賢聖錄》載：永明壽禪師上品上生，閻王增敬。而後代又傳說，其後身爲善繼，爲宋濂。故後身云云，做參考即可；須持審慎態度。

末了，附帶數言，即衆生根性不同，修學法門各異，不必强求其同——按著牛頭吃草，不吃也要吃，效果不會很大！而且，佛法的興盛，必須各宗配合；任何一宗，均無法獨撐佛教大局。方便多門，歸源無二，其間並無難易之分：龐公云：「難、難、難，十擔油麻樹上攤。」龐婆云：「易、易、易，百草頭上祖師意」——由心生滅門觀察（龍舒居士），一由心真如門下手（喆老），故有如此差距。不達此理，自是非他，不但不能使人信服，亦恐招謗法過咎〔註〕！愚意參禪、學教、修密，貴正知見——與般若相應。知見正，今生縱不悟（要求一生取辦，期望過高），不虞墮落——永明壽禪師言：「假使參而未徹，學而未成，歷在耳根，永爲道種。世世不落惡趣，生生不失人身，纔出頭來，一聞千悟。」（今人不誦此語，而執著禪淨四料簡，使禪教受到傷害）。修淨土要多培福慧，讀誦大乘精典（包括研究禪理）：能往生，增其品位；不能往生，根柢猶在，可以繼續入道！求人還須求己，生死路險，甚不宜掉以輕心。

〔註〕《華嚴經．離世間品》：「有十種魔業。何等為十？（第八）誹謗正法，不樂聽聞。假使得聞，便生毀呰。見人說法，不生尊重。言自說是，餘說悉非。是為魔業。」（載一九八九年《菩提樹》四三六期）

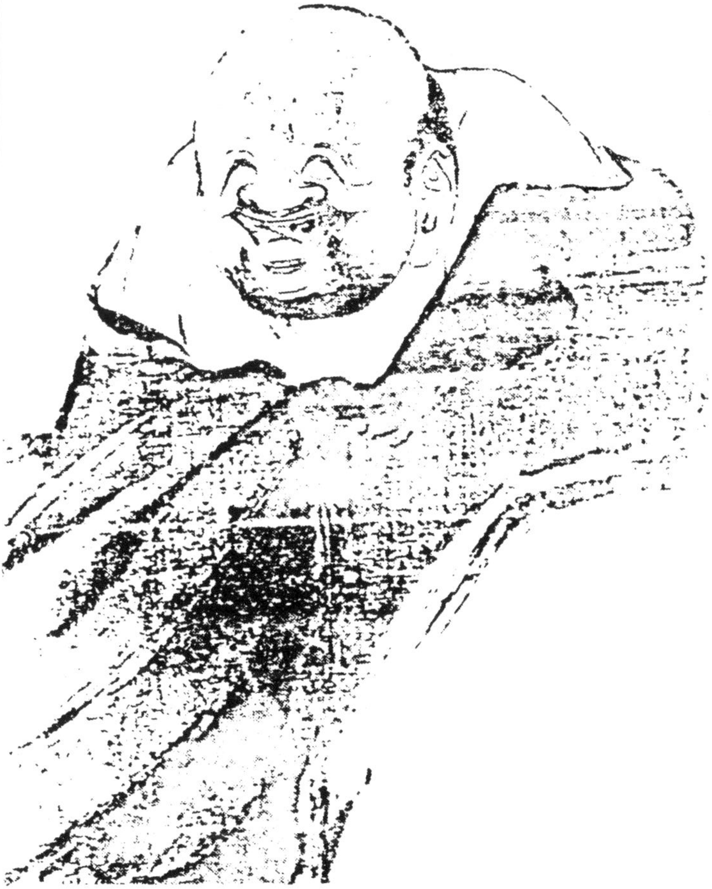

布袋和尚圖（宋）

王安石手書《楞嚴經》手跡（西元一〇二一～一〇八六年）

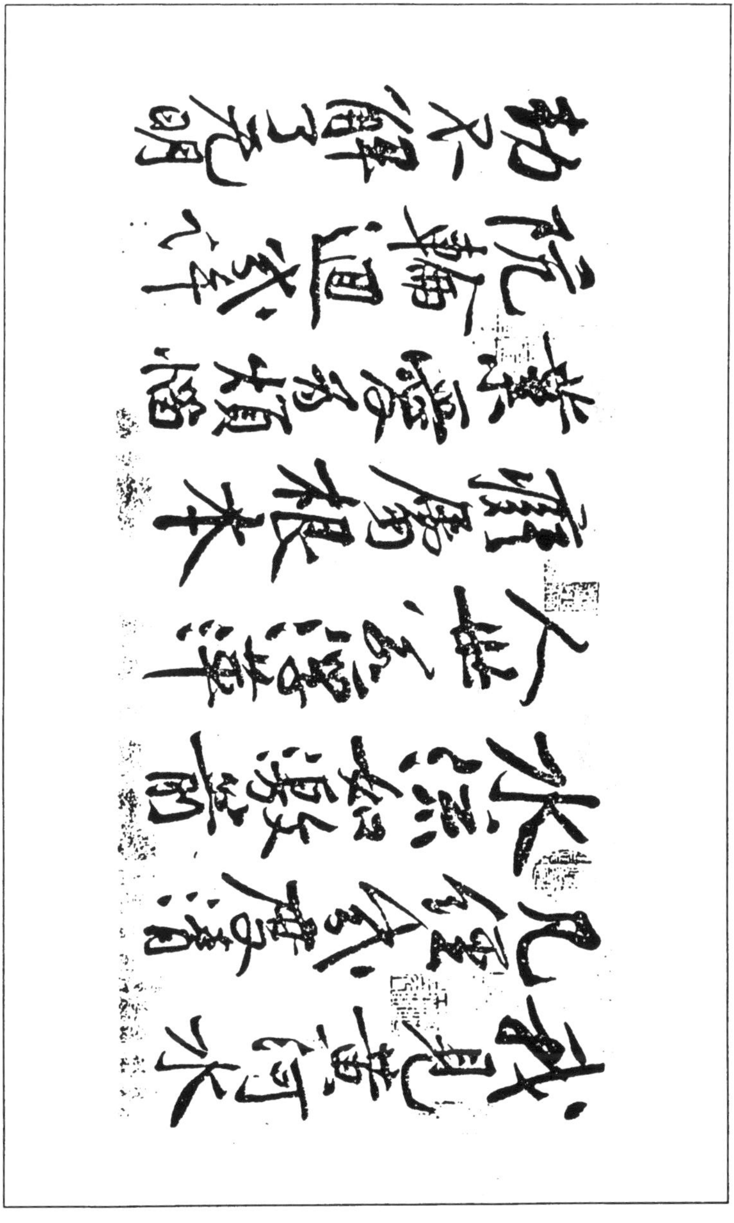

黃庭堅手書寒山子詩手跡（西元一〇四五～一一〇五年）

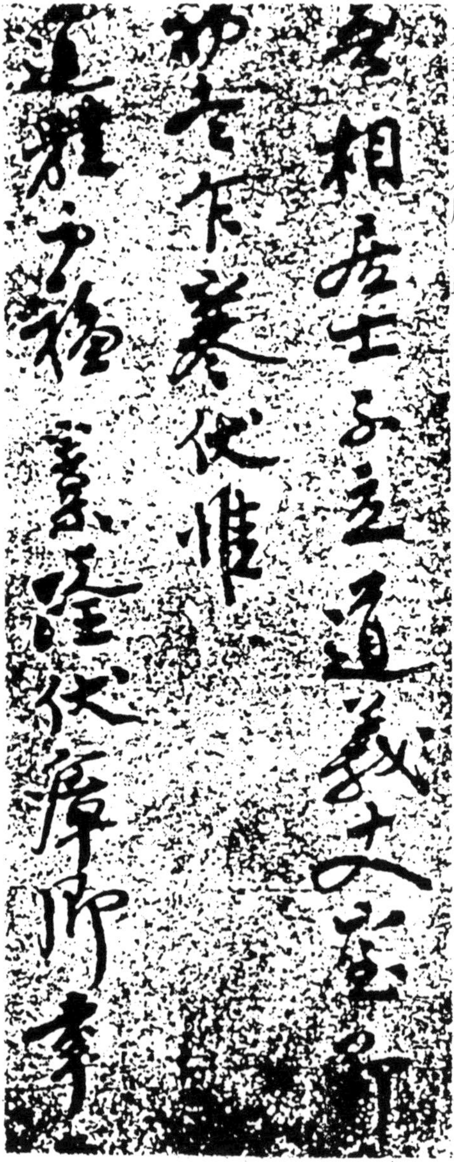

大慧宗杲尺牘手跡（西元一〇八九～一一六三年）

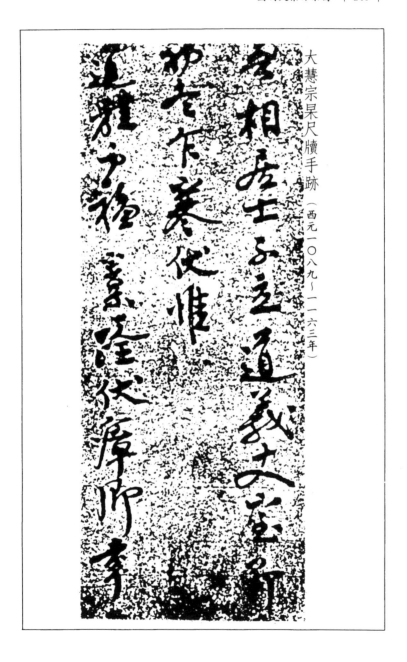

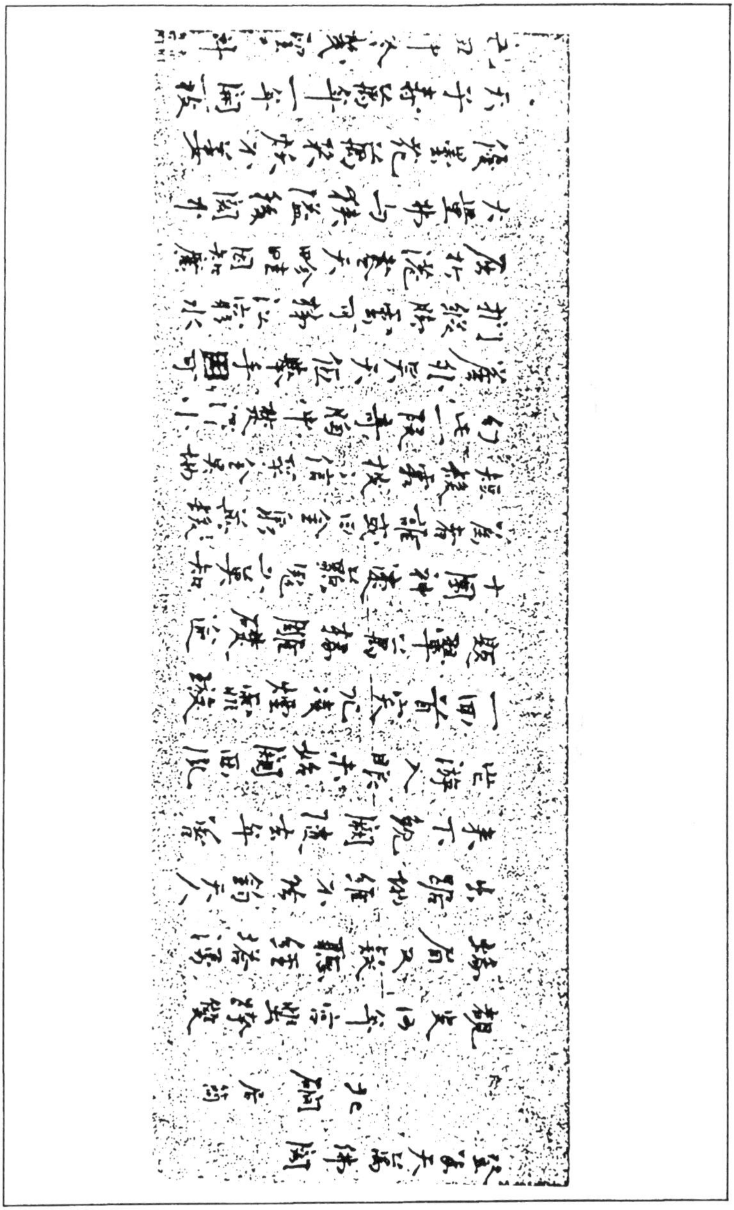

北磵居簡〈登承天萬佛閣偈〉手跡（西元一一六四～一二四六年）

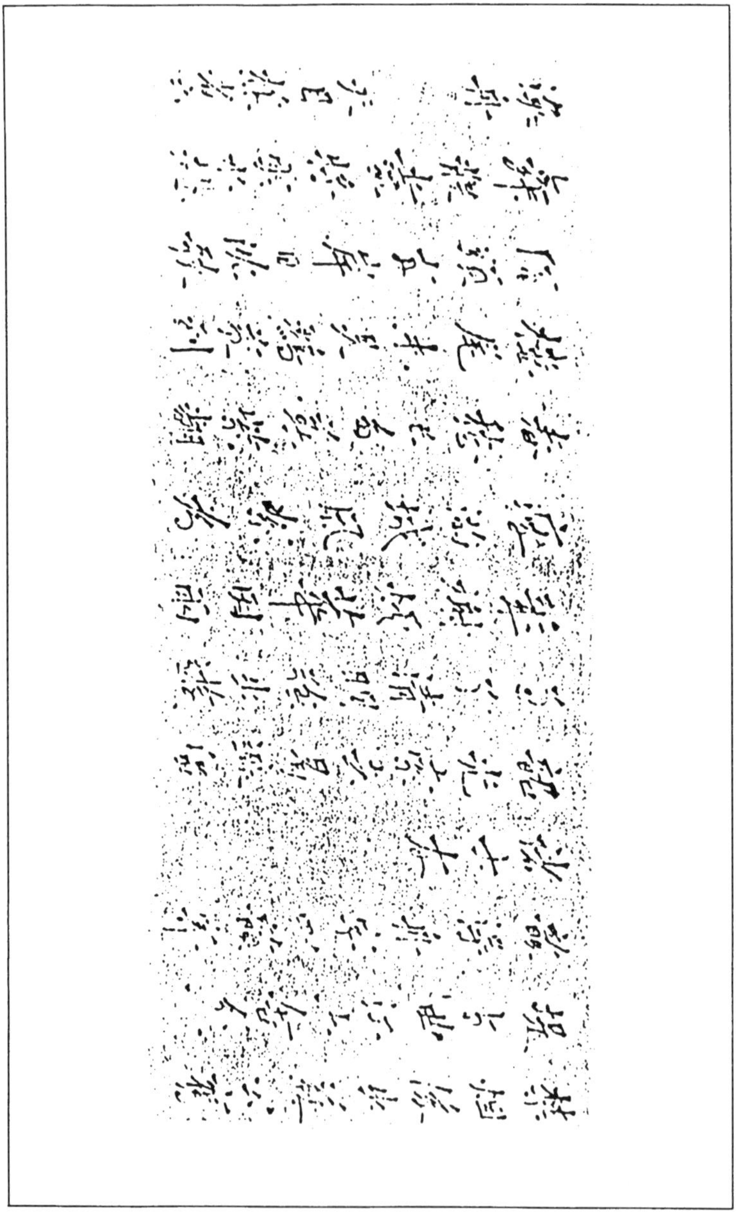

天目文禮七言律詩手跡（西元一一六七～一二五〇年）

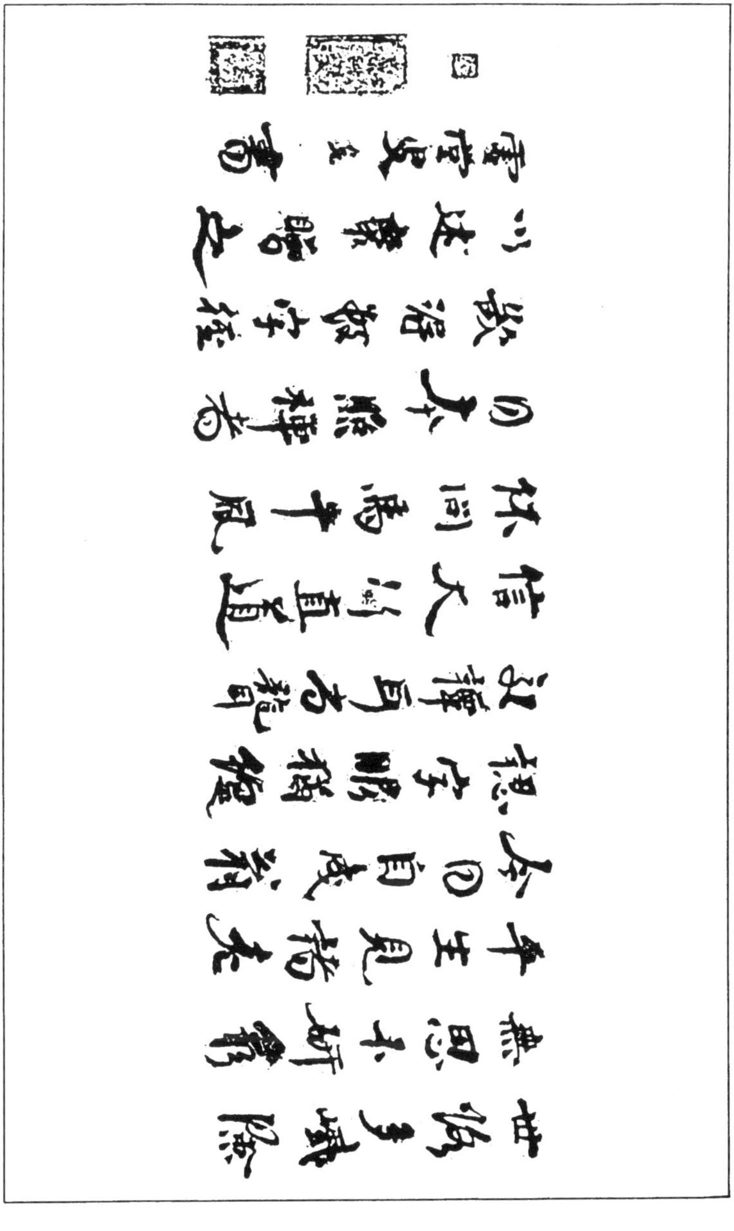

虛堂智愚法語手跡（西元一一八五～一二六九年）

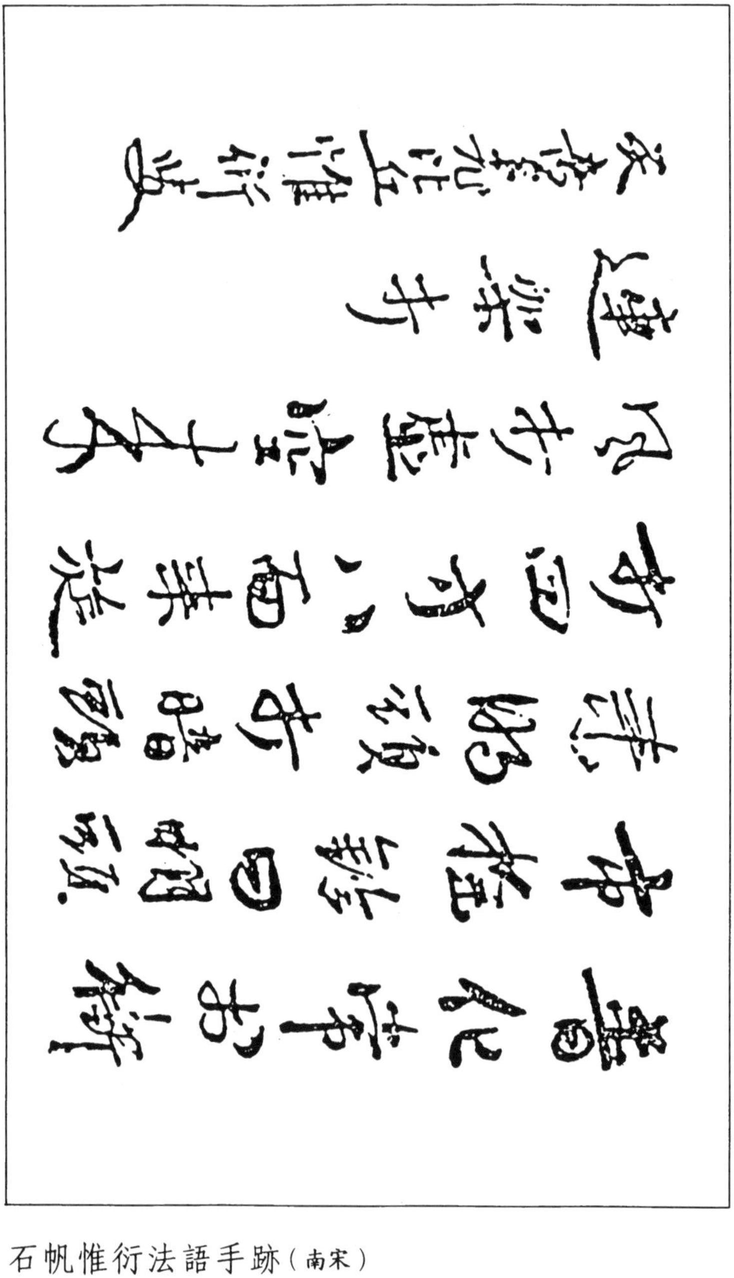

石帆惟衍法語手跡（南宋）

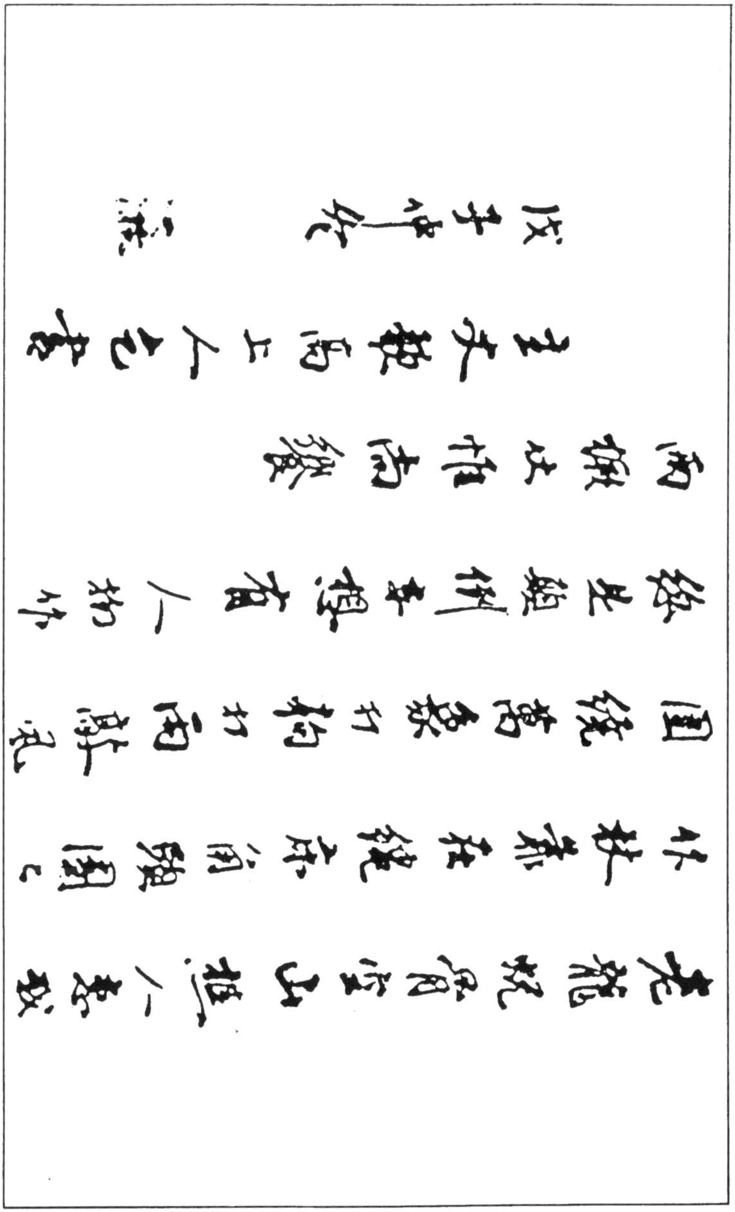

橫川如珙偈頌手跡（西元一二二二～一二八九年）

清康熙帝手書秀峯寺碑（西元一七〇八年）

國家圖書館出版品預行編目資料

直心淨明：惟明法師開示語錄. 4 / 惟明法師著. --
初版. -- 新北市：華夏出版有限公司, 2024.01
面； 公分. --（惟明法師作品集；04）
ISBN 978-626-7296-70-7（平裝）
1.CST：佛教說法 2.CST：佛教修持

225.4 112012162

惟明法師作品集 004
直心淨明：惟明法師開示語錄 4

著　作　惟明法師
出　版　華夏出版有限公司
220 新北市板橋區縣民大道 3 段 93 巷 30 弄 25 號 1 樓
電話：02-32343788　傳真：02-22234544
E-mail：pftwsdom@ms7.hinet.net
印　刷　百通科技股份有限公司
電話：02-86926066 傳真：02-86926016
總經銷　貿騰發賣股份有限公司
新北市 235 中和區立德街 136 號 6 樓
電話：02-82275988　傳真：02-82275989
網址：www.namode.com
版　次　2024 年 1 月初版一刷
特　價　新台幣 380 元（缺頁或破損的書，請寄回更換）

ISBN-13：978-626-7296-70-7